客户服务

与

客户投诉处理

实务手册

修订版

董亮◎编著

企业管理出版社
ENTERPRISE MANAGEMENT PUBLISHING HOUSE

图书在版编目（CIP）数据

客户服务与客户投诉处理实务手册 / 董亮编著. —修订版. —北京：企业管理出版社，2023.7

ISBN 978-7-5164-2826-9

Ⅰ. ①客… Ⅱ. ①董… Ⅲ. ①企业管理－销售管理－商业服务－手册 Ⅳ. ① F274-62

中国国家版本馆 CIP 数据核字（2023）第 064858 号

书　　名：客户服务与客户投诉处理实务手册（修订版）
书　　号：978-7-5164-2826-9
作　　者：董　亮
责任编辑：蒋舒娟
出版发行：企业管理出版社
经　　销：新华书店
地　　址：北京市海淀区紫竹院南路 17 号　　邮　　编：100048
网　　址：http://www.emph.cn　　电子信箱：26814134@qq.com
电　　话：编辑部（010）68701661　　发行部（010）68701816
印　　刷：三河市荣展印务有限公司
版　　次：2023 年 7 月第 1 版
印　　次：2023 年 7 月第 1 次印刷
开　　本：700mm × 1000mm　1/16
印　　张：17 印张
字　　数：212 千字
定　　价：68.00 元

Preface

前言

现代企业之间的竞争已经从单纯的产品质量、价格等竞争转为服务质量的竞争。服务已经不是服务行业的专用词，而是不同行业商家争夺客源的利器，就如快递行业，以前寄包裹都要自己去快递企业寄，不管包裹有多重，你都必须将包裹拿到快递企业。现在不一样了，上门取货、当日送达等服务早已成为快递企业的基本服务。

不仅快递行业，互联网、餐饮、地产等行业的企业也都非常重视服务。然而，有些企业因为培训不到位、管理层缺乏培训意识等，导致一些客服人员、服务员、销售员、接待人员在服务方面存在服务漏洞。例如，有的服务员因为不懂得给客户倒茶的技巧造成客户被茶水烫伤，或者倒茶时不讲究宾客顺序而引得客户心里不快，还有的销售员因为不注意一些拜访客户的礼节，与客户说话时不注意技巧而得罪客户，这些都是客户服务中常见的问题。

此外，现在客户的维权意识越来越高，一些企业在管理上存在失误，客户投诉逐渐增多，但是很多客服或者其他工作人员缺少处理投诉的系统方法，对客户的投诉动机缺乏明确的认识，许多时候都是见招拆招，并没有对客户投诉进行整体把握。

针对这些问题，本书提供了系统化的解决办法，主要介绍服务人员在客户服务过程中如何提供高效、优质的服务及有效的投诉处理方法。

本书特色

1. 内容实用实在、详略得当

本书内容涵盖了客户服务的所有流程，例如接待、约见客户、电话沟通、客户维护，以及不同的投诉处理方法。本书在内容结构上非常注重知识的实用性和可操作性，必须掌握的细节处绝不吝惜笔墨，仅需要大致了解处绝不浪费文字。这种由浅入深、循序渐进的讲授完全遵循了初学者对知识的认知规律。

2. 行文幽默诙谐，以实例引导全程

本书介绍的基本服务流程、客户沟通方法与技巧、投诉处理技巧等全部配有真实案例。在讲解这些知识时，编者的讲授绝不是板着面孔、死板教条式的，而是以幽默诙谐、贴近时代的语言进行生动、通俗的讲解，就犹如一位老友娓娓道来，帮助您缩短成为服务达人的时间。

3. 观点独到，直指根本

笔者在创作过程中，采访了大量的服务业人员，掌握了他们的经验技巧和不足之处。也就是说，本书融合了多位一线服务人员、管理者的智慧。

本书内容及体系结构

上篇——第 1 至 4 章

主要讲述客户接待、拜访客户、电话沟通及客户维护等四个方面的内容。想做好客户服务，首先应从如何接待客户学起，包括接待的原则与方法。又讲述如何拜访客户，百闻不如一见，对从事销售工作的人来说，拜访客户是一门大学问，谈好了，事半功倍；谈不好，功败垂成。电话沟通更是如此。我们要了解为什么有的人谈笑间可成交大单，而有的人抱怨被客户拒接电话。如何让新客户变成回头客，对此本书提供了一些客户维护的技巧与方法。

下篇——第 5 至 12 章

主要讲述客户投诉的应对策略。本书从投诉原因、投诉动机、投诉分类、处理策略、危机处理等角度对此项内容进行讲解。

在实际工作过程中，我们发现，有的企业对投诉客户爱搭不理或应付了事；有的企业能够对客户投诉的问题给出解决方法；有的企业则能够将投诉客户变成忠实客户。采用不同的应对方法，会得到不同的结果。

本书读者对象

- 销售人员；
- 企业管理层、培训师；
- 服务行业人员；
- 愿意提高交际能力的人员。

本书由张昆（笔名董亮）编写，参与书稿整理及校对的还有陈冠军、王若男、卫亚洁、郝芸、胡赛男、董天琪、苗琴琴、杨佳莺、张金霞、张增强、魏春，在此一并表示感谢！

编者

2023 年 3 月

Contents

目录

上 篇 如何提供客户服务

第 1 章 迎来送往：微笑行礼、主随客便 / 002

保持微笑：对着镜子练习微笑 / 002

三阶段鞠躬礼：15 度、30 度和 45 度 / 005

握手礼仪：手部卫生、避免用力过度 / 007

服务用语："有没有需要我效劳的" / 010

引导手势：眼睛跟着手的方向 / 012

视线范围：腰部到头部之间 / 015

危机提醒："请您小心，拐弯处有根柱子" / 017

行进中遇到客户：礼貌鞠躬说"您好" / 019

开启会客室大门：客户进入后再关门 / 020

座位安排：由客户选择喜欢的位置 / 022

奉茶：从客户开始顺时针奉茶 / 025

环境维护：及时整理桌椅、杯子，净化空气 / 027

送客：全员送客、送至电梯或大门口 / 030

第 2 章 登门拜访：重仪容、"三非礼"、不久扰 / 033

事先约访：以客户的时间为准 / 033

自我检查：备妥资料和名片 / 036
仪容修饰：衣着得体、发型利落 / 038
时间观念：提前十分钟到达目标地点 / 041
非礼勿听：不要看到客户与人私下交谈就竖起耳朵听 / 043
非礼勿视：不要私自翻阅客户资料 / 044
非礼勿动：不要随便动客户的物品 / 046
寻找话题：天气、仪表、家乡、家庭、爱好 / 048
有效发问：将话题导向与拜访目的有关的话题 / 050
动作幅度：稳重优雅，不可夸张 / 052
拜访时间：控制在半小时到一小时 / 054
结束语：“感谢你们今天的招待！耽误你们的时间了！” / 057

第 3 章 电话沟通：用尊称、多敬语、巧赞美 / 060

使用尊称：职务、年龄、身份 / 060
使用敬语：您、您好、请、可否、多谢、抱歉 / 063
把专业术语换成通俗用语：PA →公共领域 / 065
避免连续使用封闭式提问：不超过三次 / 067
通过重复确定问题：“您是说您忘记了密码，对吗？” / 069
表达同理心：“我理解您的心情，如果是我，我也……” / 072
寒暄赞美：恰如其分，言语自然，适当适度 / 074
使用间接否定：从另一个角度消除客户的疑虑 / 077
细化解决方案：“您可以选择退货、退款或者换货” / 079

第 4 章 客情管理：联系、优惠必不可少 / 082

建立客户档案：基础资料、交易信息 / 082

一周内进行使用情况的调研 / 085
定期发送新品信息、生活资讯 / 087
邀请老客户优先享受新品试用等优惠活动 / 090
每逢节日给客户送上贺卡和礼品 / 092
邀请重要客户参加企业联欢活动 / 095
得知客户生病，主动慰问 / 097

下　篇　如何进行投诉管理

第 5 章　原因分析：产品 OR 服务 OR 自身 / 102

商品质量：少量、破损、过期等 / 102
服务态度：不理不睬、态度不真诚 / 104
服务效率：等待时间长、兑现承诺不及时 / 107
增值服务：缺少残障人士特殊服务、无备用雨伞等 / 109
服务环境：卖场不清洁、停车位不足等 / 111
售后服务：拒绝维修或修不好 / 113
客户自身原因：性格暴躁、情绪欠佳等 / 116

第 6 章　动机分析：发泄情绪 OR 谋求补偿 / 119

宣泄型：讽刺责骂后自我罢休 / 119
求偿型：追求财产和精神赔偿 / 122
求尊型：希望遇到的问题受重视 / 124
建议型：帮助企业改进服务失误 / 126
逆反型：反感企业某一做法 / 128

转移责任型：试图弥补操作不当造成的损失 / 130
过度维权型：索要不合理的高价赔偿 / 132
“明知故投”型：利用“买假索赔”赚钱 / 135
诈骗威胁型：不满足要求则媒体曝光 / 137

第 7 章　投诉分类：有效 OR 无效、一般 OR 重大 / 140

受理范围：区分有效投诉与无效投诉 / 140
投诉级别：轻微、一般、重大 / 142
投诉方式：来访、来电、来函、E-mail、网站专栏 / 145
基本程序：受理、转发、处理、记录 / 147
基本原则：隔离、冷静、中立、先心情后事情 / 150
登记表：投诉 / 退货 / 索赔处理表 / 153
职位权限：销售经理 < 2000 元；2000 元 < 副总 < 5000 元；总经理 > 5000 元 / 155

第 8 章　处理策略：不逃避、不推诿、给结果 / 158

快反应：30 分钟内处理，及时响应 / 158
有态度：不推诿，不高调 / 160
有分析：倾听客户诉苦并记录下来 / 162
有原则：摆事实，讲道理，态度诚恳 / 164
有结果：关注对方关心的，给予对方在意的 / 166
要感谢：投诉是改进和完善服务的阶梯 / 168
有提升：拿出附加值，做好回头客引导 / 170
紧督促：联系相关部门落实处理结果 / 173
再联系：向客户核实处理是否落实和结果是否满意 / 175

第 9 章　处理方法：化解愤怒、解决问题 / 178

一站式服务法：全过程跟踪投诉，从受理到解决 / 178
服务承诺法："如产品出现问题，三天内免费退换" / 181
补偿关照法："如出现问题，据问题大小给予经济补偿" / 183
五步工作法：热情接待、倾听、道歉、分析、解决 / 185
外部评审法：请第三方机构调解或仲裁 / 187
替换法：为客户替换一种产品或服务 / 189
变通法：完善或添加硬件服务设施等 / 191

第 10 章　投诉禁忌：命令、争辩、不作为 / 194

使用命令的语气："你等着吧！" / 194
与客户争辩："你凭什么说是我们的问题呢？" / 197
语言含糊："不知道，不了解。" / 200
直接拒绝客户："这不在我们的受理范围内。" / 202
对客户置之不理：不做任何回应 / 204
故意拖延不作为："你一周后再来吧。" / 207
批评和讽刺客户："你太笨了！" / 209
发生肢体冲突：推搡、泼水等 / 211

第 11 章　危机公关：如何处理极端负面事件 / 214

5w1h 六要素 / 214
5S 处理原则：责任、真诚、速度、系统、权威 / 216
监测：总结媒体报道、预估事态发展 / 219
危机判断：利益相关者分析 / 221

稀释负面信息：撤稿、换标题、发布新帖等 / 223
转移关注：将大众注意力转移到正面话题上 / 225
投放正面报道：举办新闻发布会说明事实 / 227
慎用公关稿：改进措辞调整内容 / 228
客户关系修复：利益补偿、广告投放等 / 230
伙伴关系修复：合作通报、论坛、培训等 / 232
媒体关系修复：举办媒体联谊、邀请记者专访等 / 233

第 12 章　网络时代：客户服务的更高要求 / 235

应答速度：确保网络不堵车 / 235
网络安全：拒绝泄漏客户隐私 / 238
服务纽带：确保“取经”和“送宝”工作有序推进 / 241
诉求信息：多样化客户工单不再限于文字信息 / 243
服务窗口：看不见的全球窗口 / 245
一站式服务：微信平台客服系列推送服务 / 248
客户体验：提高客户满意度 / 251
个性需求：突出优先级别与专属特权 / 254
服务资源：跟踪分析客户足迹 / 256
技术环节：摒弃粗暴无理的技术壁垒 / 259

上篇

如何提供客户服务

⊙ 第1章 迎来送往：微笑行礼、主随客便
⊙ 第2章 登门拜访：重仪容、「三非礼」、不久扰
⊙ 第3章 电话沟通：用尊称、多敬语、巧赞美
⊙ 第4章 客情管理：联系、优惠必不可少

第 1 章

迎来送往：微笑行礼、主随客便

客户接待是个细致工作，好的接待人员要能够有礼节、有逻辑、有方法地接待客户。不分主次、不分先后的接待只会顾此失彼。所以，接待客户之前要心中有数，准备好多套方案，方可立于不败之地。

保持微笑：对着镜子练习微笑

拿破仑·希尔曾说："世界上最廉价，而且能够得到最大收益的一种特质就是礼节。"

微笑就是一种非常基本的展现礼节的方式，是服务人员的第一项工作。展现微笑能拉近与客户的距离，所以服务人员进行适当的微笑练习是很有必要的。

毛超在非否工作已经一年半了，在上一次销售比赛中得到了全国销售月冠军的好成绩。毛超非常感谢一起工作的伙伴，感谢企业给了大家一个展示的平台，也对非否的客户表示感谢，感谢他们对非否的支持。

毛超认为，客户是否选择购买非否的产品，取决于多种因素，可能是非否的产品质量好，可能是非否的牌子好，可能是非否产品的价格适中，也可能是非否的服务周到，但不论是为了什么，客户最终选择了非否，是因为非否值得信赖。

毛超得到全国销售月冠军，不仅因为非否的产品得到了客户的喜爱，而且跟毛超的销售信念有关。她认为在销售过程中不带入个人情绪，做一个快乐的销售员很重要。

毛超说："虽然客户是商家的'上帝'，但是我们可以将他们看作朋友，销售时，我们要从客户的需求出发，而微笑就是我们销售时的法宝。有了微笑，我们才有可能取得优异的销售成绩。"下面是毛超以微笑感染客户的案例。

一个周末，大概晚上 7 点多，下了一整天的雨，店里很长时间没有客户光顾。毛超当时站在店门旁，正想着要不要把店门打开时，一位穿着简单大方、发型时尚的女孩，打着伞一边往前走一边看着毛超身后的商品。于是，毛超微笑着说："美女，进来看看吧，我们店这两天来了好多新款。"那个女孩也向毛超笑了笑，接着走进了店里。

毛超的同事看到来了客户，赶紧倒了杯温水给那个女孩。女孩看了看水，说："你们这儿服务真好。"

毛超微笑着说："美女，你发型真好看，在哪儿做的？真的挺适合你。"女孩没有回答，后来毛超又说："美女，你是这里的会员吧！"

女孩回答说："不是，你们的店是新开的吧！以前没注意过。"女孩一边说话一边看着围巾。

当女孩走到店门口想要离开的时候，毛超说："美女，你看这条围巾怎么样？今天刚到的新款，跟你的风格很搭，你可以试一下看看怎么样，真的很适合你。"

女孩走了过来，在毛超帮她试围巾的时候，她表示自己已经买了好多围巾，家里至少有五六十条了。毛超听了说："围巾不怕多，不同的围巾搭配不同的衣服，才能组合出不同的风格。"毛超和女孩聊得越来越投机。

过了一会儿，女孩说她过几天要去黑龙江。毛超说："那边天气比这边冷得多，你要多带点衣服，感冒了就不好了。你要去黑龙江多长时间呢？"

女孩说："大概六七天，我男朋友在那边上班，过几天放假，所以就让我去玩儿。"毛超拿起一条深蓝色的围巾说："你可以送条围巾给你男朋友。这款男式围巾是今年卖得最火的了。"接着毛超又帮女孩选了几个颜色。

女孩说："这几条都好看，你帮我算算一共多少钱？"

毛超说："每一条都是100多点，一共600多。"

女孩觉得太贵了，就说："太多了，我买4条就好了。"

后来，毛超还给她办了会员卡，那个女孩成了非否的忠诚客户。

毛超认为，销售人员不光要销售产品，更要把自己推销出去，以真诚的态度、平常的心态和亲切的微笑为客户服务。

微笑是一门艺术，所以我们需要练习。那么，微笑应该怎么练习呢？

1. 放松唇部肌肉

通过练习读音乐的七音符让唇部肌肉处于一个放松的状态。练习时，从哆开始，到高音哆结束。在这个过程中，每个音符连续读3次，保证发音饱满。

2. 让嘴唇肌肉充满弹性

练习者要把背部挺直，在镜子前反复练习：把嘴张大，持续10秒，随后，让嘴唇保持10秒的紧绷。练习时尽可能地让嘴唇张大和缩小到极致。

然后，练习者用门牙轻轻咬住筷子，保持这个动作30秒。反复练习这个动作3次。

3. 找到适合自己的微笑

小提示

练习者在练习过程中要寻找自己在最放松状态下的微笑，适合自己的微笑应该是自然的，人看起来也是和蔼亲切的。

三阶段鞠躬礼：15度、30度和45度

服务人员本身不仅是企业文化的体现，而且是外界评价该企业服务水平的依据。企业的服务质量、服务态度与服务人员的礼仪有密切联系，所以服务人员应该注重礼仪、讲究礼仪。鞠躬礼就是服务人员应该掌握的基本礼仪之一。

王亚丽的专业是酒店管理，毕业以后，应聘到广州一家非常知名的四星级酒店工作。

开始工作时，王亚丽是服务员，试用期工资为2500元。虽然工资不高，但对她来说这份工作很可贵，所以她一直努力工作。功夫不负有心人，王亚丽的服务受到了酒店客户的广泛好评。

但是，就在王亚丽试用期即将结束成为正式员工的前两天的晚上，一件始料未及的事情发生了，也让那两天成了她试用期间最煎熬的日子。

那天晚上大概八九点钟，一位穿着考究的客人来到服务台要了一

间客房，并向服务台打电话要求服务员沏一杯茶送到他的房间。当时酒店的服务员都在忙，所以王亚丽沏好了茶，送到客人房间时比客户要求的时间晚了20多分钟。王亚丽小心翼翼地敲门，进门后把茶放到桌子上，先向那位客人鞠了一躬，说："先生，十分感谢您选择客房服务，由于我没能及时抽出空来，耽误了您用茶，我感到非常抱歉。"王亚丽一边说，一边又向那位客人鞠了一躬。

然而，这位客户并不接受王亚丽的道歉，指了指墙上的钟表说："这都多长时间了，你现在才送过来，如果四星级酒店都是你这样的服务速度，酒店早就经营不下去了。"

王亚丽意识到今天遇到了一个爱刁难的客户，接下来的时间里，她就拿出十万分的小心为这位客户服务，尽心尽力，不让他再有半分的不满意。王亚丽不仅保证服务速度，而且保证服务质量，就连和客户说话的声音也十分亲切。虽然客户还是不消气，对王亚丽仍然一副很嫌弃的样子，但是王亚丽始终保持微笑。这位客户应该是一位港商，一会儿说粤语，一会儿说英语，一会儿说普通话，但是不论这位客户说什么语言，王亚丽都尽最大努力和他保持一致。即使偶尔这位客户发音不标准，导致王亚丽听错了客户的要求，她也把责任归在自己身上。

王亚丽尽了自己最大的努力，但那位客户临走时仍然态度冷漠，还问："酒店有意见簿吗？"这一举动让王亚丽心里一沉，心想自己要被投诉了，自己努力了三个月，难道要功亏一篑吗？尽管心里十分难过，她还是面带微笑地双手奉上意见簿，并说："先生，谢谢您光临我们酒店，也为我今天的服务不周表示深深的歉意。您对我的服务有什么意见和建议尽管写上，我一定接受批评，积极改正。"说完，王亚丽向这位客户鞠了一躬。

客户写下了王亚丽服务速度慢、对客户招待不周的评语。王亚丽看着评语欲哭无泪，但是本着职业道德，还是把那个意见簿上交了。

就在王亚丽煎熬了两天之后，在第三天早会上，经理竟然任命她为餐饮部的领班！这让大家十分奇怪。后来大家才知道，由于王亚丽在试用期间表现得十分优秀，总经理就想来考验考验她，那位衣着考究、为难她的客户就是酒店的总经理。总经理觉得她确实十分优秀，有足够的能力担当领班。

诚恳的态度和良好的服务为王亚丽赢得了一个机会。王亚丽的鞠躬道歉是酒店总经理认为她足够诚恳的一个表现。那么，鞠躬姿势都有哪些呢？

根据上身弯曲的程度，鞠躬可分为15度、30度、45度和90度。对服务人员来说最常用的有三种，分别是15度、30度和45度。90度鞠躬一般用于向某人表达深切歉意或敬意。鞠躬15度，是服务人员对客户的一般招呼礼；鞠躬30度，是服务人员迎接客户时的迎客礼；鞠躬45度，是服务人员送别客户时的送客礼。

小提示

鞠躬时，服务人员眼睛应该向下看，不能在鞠躬的同时还想观察对方，否则会被认为不尊重对方。鞠躬后起身时，眼睛应该礼貌地注视对方，否则即使鞠躬了，仍然会被认为不礼貌。

握手礼仪：手部卫生、避免用力过度

握手是社交礼仪的一种，虽然看起来很简单，但是不同的握手方式，表达的意义却不同。握手可以帮助我们与客户建立联系，增进彼此友谊。掌握握手的技巧，通过握手向客户传达自己的真诚，进而在客户心中留下好印象，也是成为优秀销售人员或客服人员的一个秘诀。

陈扬是一家单位的销售总监，有一天，他受邀到当地非常知名的大酒店参加一场商务晚宴，晚宴规模相当大，不少职场上的成功人士都受邀参加。

在宴会上，陈扬的一位朋友把他介绍给一位姚女士。陈扬为了向那位女士表示友好，他率先把手伸出去，可是那位姚女士好像没有看见陈扬的手一样，没有理睬他，还在与另外一位男士聊天。陈扬尴尬得不得了，但是又觉得不好把手收回去，就这样持续了大概20秒，那位姚女士仍然视而不见。陈扬没办法，干脆一挥手说“蚊子”，假装去打那根本不存在的蚊子。

当时，周围很多人看到这种尴尬场面，都有点不知所措。陈扬也是尴尬难当，满脸通红。

陈扬百思不得其解，为什么姚女士不和自己握手呢？为什么给他难堪呢？

其实，陈扬之所以处于这种尴尬境地，是因为他没有掌握和女士握手的礼仪常识。

男士和女士需要握手时，男士不能主动，而是要等到女士先伸手，男士再伸手与之相握。如果男士先伸手，就可能遇到陈扬的尴尬场面。

另外，不能先伸手的场合还有在长辈和领导面前，只要他们不主动握手，我们就不能提前伸手。如果他们首先伸出手，我们就要迅速伸出右手与之相握。

通过陈扬的例子，我们了解到懂得握手的相关知识是非常重要的。下面再来全面地了解一下有关握手的注意事项和知识。

1. 握手时应有的态度

与客户握手时，要表现出自己热情、自信的一面。如果面部表情过于僵硬、冷漠或漫不经心等，客户会认为你没有足够的诚意，甚至还会认为你对其不尊重。

2. 握手时的装扮

与客户或者其他人握手时，一定不能戴手套。戴手套是握手的大忌，必须要避免。

3. 握手的先后顺序

在这里不讲究社交礼仪中伸手的先后顺序，对销售人员来说，不论客户的年龄、性别和职位，只有客户先伸手，自己才能伸手。

4. 握手的时间与力度

一般来说，握手的时间应根据对方的性别、身份等灵活调整，最好不要超过 30 秒。握手力度也要适中。

如果销售人员面对的客户是异性，那么握手时间就要缩短；如果客户与销售人员性别一样，为了向对方表示自己的热情，握手时间可以相对较长。

5. 右手握手

右手是握手时应该伸出的手，即使右手不方便使用，也应该想办法用右手，左手是千万不能用的，否则会让对方觉得不被尊重，也会觉得你的修养不高。

6. 手部卫生

手部卫生也是握手时应该注意的一个方面，只有你的手干净，对方才有可能与你握手。如果手部不干净就与对方握手，这不仅是对对方的不尊重，也极有可能降低你在对方心中的形象，这对以后的工作和交往都是百害而无一利的。

服务用语："有没有需要我效劳的"

使用服务用语对服务人员来说非常重要。有时候因为一句恰当的话就能获得客户的好感，有时候也可能因为一句不当的话惹怒客户，所以，掌握并正确使用服务用语对工作会有极大的帮助。

孔玉是一家酒店的前台客服，日常工作主要是为客人办理入住和退房、接听电话等。

有一天，一位吕先生打来电话。孔玉亲切地问："您好，请问有什么可以帮您的？"

吕先生便说道："我在你们酒店预订了一间房，现在我刚下高速，但是不知道怎么去酒店。"

孔玉马上说道："现在您在开车吗？"

吕先生回道："是的，我正在开车。"

孔玉说道："先生，您开着车不方便接听电话，旁边有亲戚或朋友吗？我把路线告诉他们，您看行吗？"

吕先生笑着说："你还挺细心，你等一下，我把电话给我朋友。"

孔玉把路线详细地告诉吕先生的朋友以后，又关心地问道："您听明白了吗？"

吕先生的朋友听了这句话后十分生气地说："我又不傻，怎么会听不明白。"

孔玉一听到吕先生朋友的话，就知道自己说错话了，本来是好意，没想到惹怒了客人。孔玉马上道歉："女士，真不好意思，我是想问问您还有其他不懂的地方吗？我没有其他意思，真是对不起。"

"我知道了，如果还找不到路，会再打电话问你的，谢谢。"吕先生的朋友说。

孔玉最后问那一句话，本是想负责任地为客户服务，却因为说话方式不对，让客户不愉快。

语言的表达是一门艺术，在生活、工作和人与人的交往中，语言表达起着不可忽视的作用。在与客户的交谈中，如何使用服务用语，会很大程度地影响客户的感受，进而影响我们的工作开展。

姜琴琴是北京一家主打徽菜酒楼的大堂经理，年后接待了一位酒楼的老客户——金总。金总是安徽人，经常来酒楼吃饭，所以跟姜琴琴很熟悉。金总过年回了老家，有一阵子没来酒楼吃饭，正月十五过后才来光顾。姜琴琴迎上前去满脸笑容地说："金总，您好，很高兴又见到您。您过年这阵子没来用餐，大家都很想念您呢。金总，咱们酒楼又添了几道新菜，您一定得尝尝。来，里面坐，就让我亲自为您服务吧！"

金总听了心里很高兴，觉得来老地方吃饭，服务人员就是分外热情。

服务语言用得好，才能展现服务用语的魅力。恰当地使用服务用语能使客户更满意，能让我们的工作更出色。那么，使用服务用语时应该注意哪些方面呢？

第一，称呼客人要用尊称，说话时声音要平稳。称呼客户时，服务人员应该使用"您""请"等字眼，如"欢迎光临，您里面请""请您稍等一下""您好，有什么我可以帮您的吗？"如果客户的要求服务人员无法做到，应说"对不起"等抱歉语。说话时，尽量让声音听起来诚恳、平和、亲切，这样才能让客户感受到服务人员的真诚热情。

第二，服务人员对客户说话时，措辞要文雅、简练、明确，不能吞吞吐吐、含糊不清。文雅就是说话时要礼貌，不能粗鲁；简练就是说话不要重复赘述，不耽误客户时间；明确就是在客户提出要求后，服务人员需要向客户重复一遍，避免不必要的错误。

第三，有时客户会产生疑问或者不满，服务人员解释时语气要委婉、诚恳，不能态度冷淡、语气生硬。

第四，服务人员应该非常注意的一点就是说话要讲究艺术。有时，服务人员本来是为了客户着想，但会因为表述不清或表达方式不恰当反而引起误解。如上述案例中孔玉问客户“您听明白了吗”，就让客户十分生气。如果孔玉问“您看我说明白了吗”，对方听起来就舒服了。

小提示

在日常工作中，我们尤其要注意服务用语的使用，很多情况下能够事半功倍。

引导手势：眼睛跟着手的方向

服务人员通过手势指引客人。手势不同，传达的意义不同，它可以表现出服务人员对来宾的态度。如果不懂得什么手势代表什么意思，或者手势的使用场合不对，就不仅是服务人员的专业素质问题，同时是对企业的不负责任，对客人的不尊重。所以，服务人员必须注意掌握正确的手势动作，手势的幅度、力度、速度以及手势动作的持续时间。只有全面地掌握这些要点，才不会在服务过程中引起客人不满或让客人产生误解。

高琦是一家四星级酒店的主管。2017年2月10日上午，高琦像往常一样站在酒店大堂迎送客人，一会儿，他看到一位身着军装的客人双手抱着一个行李箱走进酒店大堂。那个箱子看起来很重，客人额头都出汗了。

高琦本来想立刻跑到门口去帮忙，却看见迎宾员只是摆着指引手势对那位客人说："欢迎光临，里面请。"结果可想而知，客人没有理睬迎宾员，径直往大厅走来。

高琦立刻上前，问："需要我帮您拿箱子吗？"

客人看了他一眼说："我马上到房间了，不用了，谢谢！"

高琦觉得迎宾员做得不对，看到客户有困难，应该立刻上前帮忙，而不是一味地在那里只做指引手势。高琦看着客人抱着箱子进入电梯，发现原来客人箱子的轱辘掉了。

高琦赶紧给酒店工程部打电话，让他们过来帮那位客人修理箱子。工程部接到电话后带着工具箱立刻赶来了。高琦和工程部的同事一起来到那位客人的房间。客人听了他们的来意，很是诧异地说："我没有找人修理箱子啊？你们怎么知道我的箱子坏了？"

高琦说："刚才看到您抱着箱子，就注意了一下，原来是轱辘磨坏了，所以我就找了工程部的同事来给您修理。"

那位客户听了之后非常感动，对高琦他们的热心服务给予了高度赞扬，表示他们的服务已经超出了"服务"二字包含的范围。

通过这个案例，我们应该认识到，服务礼仪不是生搬硬套，要根据不同的情况做出不同的调整，这样的礼仪才是客户最需要的。

在适当场合做适当手势，是服务人员应该注意的。那么不同的手势都应该在什么样的场合下使用呢？

1. 比较常用的手势"请进"

客人进门时，接待人员比较常用的手势就是"请进"，也就是说，接待人员应该在对客人说"请进"时，就要摆出相应的指引手势。

此时的手势可以成为“横摆式”手势，具体来说，就是手掌伸直，手心朝上，五指并拢，手臂肘关节弯曲一定角度，以手臂肘关节为中心，让手从腹前经过，随后向身体右侧摆动至身体的右前方。同时，双脚之间成右丁字步，头和上半身则向手伸出的同方向微微倾斜，另一手可自然下垂或放在背后，面带笑容，眼睛轻轻注视来宾。

2. 指引方向的“请往前走”手势

有时候，来宾会询问如何到达某处，如果是直走，就可以使用“直臂式”手势。“直臂式”手势要求手掌朝上微微倾斜，五指伸直并拢，手臂的肘关节由腹前经过，手臂随着手掌指向引导的方向，手臂差不多与肩膀同一高度时停止。此时应该特别注意的一个细节是身体要向来宾倾斜，视线应与手臂方向保持一致，并适时看向来宾。

3. 请人入座的手势

引导客人入座时可以使用“斜摆式”手势，具体来说就是两只手一起拉住椅背将椅子从桌子下拉出，然后手臂由下至上抬起，以手臂肘关节为中心，前臂随手掌向椅子方位向下摆动，使手臂斜向下，然后对客人说“请坐”。

4. 为人介绍时的手势

有时候销售人员需要向来宾介绍企业的一些产品，这个时候应该注意手掌的倾斜弧度，一般是手心朝上，四指处于并拢状态，大拇指向外张开。介绍时，应该面带笑容，声音不可过高或过低。

5. 道别时的手势

送别客人时，最好送客人到门口或电梯旁，挥手时身体要站直，眼睛看着对方，手掌心朝外，左右挥动手臂。

视线范围：腰部到头部之间

接待客户或拜访客户时，眼睛不能只盯着对方的一个部位看或扫视乱看，那样都是不礼貌的。视线应该在对方的腰部到头部之间，否则可能引起不必要的误会。

齐磊是一个20多岁的小伙子，大学还没毕业，在北京一家五星级酒店实习。一日突然下起了大雨，齐磊就主动在餐厅门口铺一张防滑的垫子，就在这时，从外面进来两位漂亮女士。可能因为雨下得太急，两位女士来不及打伞，所以身上淋湿了。齐磊看着两位女士说："你们快里面请，衣服都湿了。二位有预订吗？"

其中一位女士说："有，预订了206房间。"

齐磊仍然盯着两位女士说："好的好的，你们衣服、头发都有点湿了，肯定不舒服，需要我拿吹风机过来吗？"

另一位大概25岁的女士突然生气地说："不用了。"就拉着同伴往里走，留下一头雾水的齐磊。

齐磊正纳闷呢，值班经理从旁边走来，说："下次不要盯着女士看，那样是不礼貌的。"

齐磊听了，挠了挠头，说："我没有盯着她们看啊。"

值班经理说："可能你没有其他意思，只是在积极地帮助客户，但是，客人觉得你冒犯了她们，所以才生气的。"

齐磊说："啊？这样啊，以后我一定注意，保证不会再发生这种事情。她们头发都湿了，我还是找人送个吹风机过去吧！"

值班经理笑着说："哟，齐磊不错啊，真挺为客户着想的，快去吧！"

齐磊说："那是，为客户提供贴心的服务是咱们酒店的宗旨。"

不论齐磊是有意还是无意的，齐磊盯着两位女客户看令对方感到被冒犯了，所以，接待客户时一定要注意视线范围。

1. 与人交谈时眼睛应该看着对方

不论是接待客户，还是出门拜访客户，与客户交谈时，眼睛必须看着对方，不能左顾右盼，否则就是不尊重对方。如果这一点都不能做到，就很难与客户深入交谈。有些经验不足或刚走出校园的服务人员，接待客户时可能觉得不自在，这时可以看着对方的嘴角、额头或者脸部。

2. 视线要保持在社交范围内

我们所说的社交范围是指与对方交谈时，视线应停留在额头到腰际之间，视线不能只停留在某个部位。特别是男性接待员，接待女客户时，视线一定不能停留在对方的胸部，不仅造成误会，也是对女性客户的不尊重。

3. 要保持安全距离

我们通常所讲的安全距离，就是接待人员与客户之间的距离至少有一臂，也就是说双方中的任何一方向前伸胳膊都不会碰触到对方。尤其双方是不同性别的，交谈时更加需要保持安全距离。若客户是女性，你们交谈时，她不自觉地往后退了一步，就表示她觉得双方的距离太近了，此时就需注意两者间的距离，并适时调整。如果接待员没有意识到这个问题，可能加重客户的负担，在这种情境下，客户还怎么可能与其安安心心地交谈呢？所以，接待人员在与客户交谈时，要保持安全距离。

4. 眼神应充满亲切感

眼睛是心灵的窗户。眼睛可以折射出你的亲切或热情，所以，眼睛看向客户的时候，要保证眼神柔和，要让客户从你的眼神中感受到友好和热情。

小提示

有时候，接待员正在忙碌其他事情，这时客户来咨询问题，接待员忙不过来，没工夫去接待，此时尤其要注意对待客户的眼神和语气。因为此时接待员可能比较烦躁，眼神就会是嫌弃的，语气也可能不友好，那么结果必定不会是好的。

危机提醒："请您小心，拐弯处有根柱子"

因为服务行业的特殊性，服务人员都不知道下一秒会遇到什么突发情况，所以接待客户或者为客户指引的时候需要特别注意一些细节。比如，指引客户时，看到前方有障碍物，要及时提醒，避免发生意外引起纠纷。也就是说，服务人员一定要关注细节，细节决定成败，细节决定事情是否完美，决定客户是否满意服务人员的服务。

常帅是一个刚毕业的小伙子，学的专业是市场营销。他觉得在老家没什么发展前途，于是决定来北京闯一闯。常帅在北京一家知名的房地产企业找了一份销售工作，因为他性格比较外向，能说会道，很快就能和别人说到一起，所以业绩还不错。

一天，常帅带一位客户看房子。他在前边走，边走边向客户马先生介绍户型，并询问马先生想要多大面积的房子。马先生一一回答，觉得这小伙子还不错，考虑得也算周到。

常帅很高兴，觉得这次又可以卖出去一套房子，正当他和马先生侃侃而谈的时候，突然发现前边由于房间设计的需要竖了一根白柱子。常帅赶紧提醒马先生："马先生，这里有一根柱子，您小心点儿。"

马先生埋怨地说："这里怎么有根柱子，这以后肯定有影响啊。"

常帅心里"咯噔"一下，赶紧笑道："没事的，这根柱子只是暂时在这儿，过两天就弄走了，肯定不会有影响。"

马先生说："那还好，不然的话，我还真不敢在这里买房子了，以后孩子上下学肯定耽误事儿。"

常帅说："没事的，没事的，以后肯定不会影响出行。您慢点，咱走这边。"

后来，马先生在这里买了一套房子。常帅后来想想，如果当时自己没提醒马先生前边有柱子，马先生会不会碰到柱子上？如果那样，别说生意做不成，还可能引起纠纷。

其实，引导客人时，常常有可能遇到台阶或者其他障碍物，接待人员应该及时提醒。比如，大厅里刚拖过地，地面有些滑，接待人员需要提醒客人"您慢点走，这地面刚拖过，有点滑"，或者走到一个拐弯处，熟悉餐厅布局结构的服务人员，应该提前对客人说"拐角处有楼梯，请您注意"。再如，有的客人用餐前可能要一杯白开水，此时，服务人员一定要提醒客人"刚烧开的水，有点烫，请您等一会儿再喝"。

服务客人或者接待客户时，如果有可能出现意外，必须提醒客户，这是工作人员应该做的。有句话说得好，小心驶得万年船，服务人员要记牢。

小提示

对来访客人一句简单善意的提醒，不仅体现了我们服务的细心，更能让客人体会到我们的用心。客人平平安安地来，心情舒畅地走，都是我们愿意见到的。

行进中遇到客户：礼貌鞠躬说“您好”

企业的每一名员工，都代表着企业的形象。所以，无论是招待客户，还是行进中遇到客户，我们都要展现出企业员工的良好素质。

过年的前几天，一家中餐厅的生意特别红火，每天来用餐的人都很多，有时候还需要排队。一天中午，208包厢的张总一家人在吃饭，他点的菜品里有一道刺身象拔蚌。首先上的菜是象拔蚌的刺身调料。

卢静将调料放在每位客户面前的圆托上，她一开始很小心地依次为每个人上调料。就在快上完的时候，张总的夫人突然一挥手，调料就洒在了旁边的张总身上。张总穿的是白衬衫，酱油调料洒在上面分外明显。看到这一情形，卢静连忙道歉，张总毕竟是这里的老客户，也没有为难她，只是说：“没事，下次小心一点儿。”

虽然客人说没关系，但是卢静心里还是很不舒服，觉得自己必须弥补过失。于是，卢静找到领班，说了一下刚才的情形，想先借一件衣服让张总穿，然后再把张总的衣服快速干洗。领班觉得可以，于是卢静去找张总，并说：“张总您好，我帮您借一件衣服，您先换上，我去把您的衣服干洗。您看可以吗？”

刚开始张总觉得没必要了，但是张总的夫人说这个提议不错，于是卢静要了张总衣服的尺寸后向男同事借了一件干净衣服给张总送过去。

过了一会儿，张总去洗手间，正好看到送衣服去干洗的卢静。原本以为卢静把自己衣服弄脏了，惹了祸不敢和自己打招呼了，没想到卢静看到张总以后，红着脸说：“张总，刚才对不起，我把衣服送过去干洗了，一会儿您就能穿了。”

张总觉得卢静这个服务员还算尽职尽责，就说：“没事的，我还要谢谢你呢，不然现在还穿着脏衣服。”

在这个事例中，卢静面对突发情况没有慌乱，事后又肯想办法帮助客户，虽然客户不追究，但是她能够主动帮助客户解决问题，为客户考虑，让原本一件服务失误的事件，因为她的行为，变成一件让客户感动的事件，这就是用心为客户服务的力量。

在这个事件中，卢静后来在路上碰到张总的时候没有因为羞愧就对张总回避，而是主动向张总打招呼。这一点也值得服务人员学习。

一般来说，服务人员行进过程中遇到客户，应该停下来往旁边靠一下，为客户让路，同时要向客户问好，一般可以说"您好"。服务人员不能假装没看见客户，更不能态度傲慢地走开，无视客户的存在，是对客户的不尊重。

小提示

服务人员行进过程中应向擦身而过的客户亲切问候，客户会感到愉悦，觉得自己受到了尊重，这对企业来说也是一件有益的事情。

开启会客室大门：客户进入后再关门

无论是接待客人，还是为客户服务，对服务人员来说，服务不分大小，都需要服务人员真心相待。

周蒙蒙是上海一家企业的新员工，她和同事秦艳主要负责接待来访客户，协助经理安排会议室。她们每天上班的前两个小时是最忙的，不仅要接待络绎不绝的来访客户，还要安排协调会议室，把客户带到会议室。

有一天，人力资源部郭部长预约的客户提前25分钟到达，称郭部长要与他们在206会议室开个小会。周蒙蒙立刻联系人力资源部，部长说正在接待一位重要的客户，让周蒙蒙先把客户带到会议室。周蒙蒙转告客户说："郭部长正在接待一位重要的客人，请各位先与我去会议室等候。"

正说着，周蒙蒙面前的电话又响了，她摆了一下手，示意几位客人稍等。几位客人脸上露出了不悦的表情。同事秦艳刚好接完电话，连忙为几位客人倒茶水，与客人闲聊了几句，才算缓和了刚才的紧张气氛。

周蒙蒙挂了电话，请几位客人随她去二楼会议室。到了206会议室门前，周蒙蒙打开门说："几位请进。"

几位客人一一走了进去，周蒙蒙拉着门有点儿不耐烦，觉得客户提早到达打乱了自己的工作。看着几位客人好像都进去了，周蒙蒙就想赶紧去安排其他事情，于是就放开了门。

没想到，就在周蒙蒙放开会议室大门的时候，一位坐在门口的客人突然站起来，回头想要对周蒙蒙说什么，周蒙蒙看到这一幕吓了一跳，万幸的是弹回来的大门没有撞到那位客人。

然而，这位差点被门撞到的梅先生刚刚就已经对周蒙蒙心有不满，"什么叫郭部长在接待一位重要客人，难道我们就不重要吗？"梅先生生气地想，"还有刚才这秘书那摆手的动作真让人不舒服，现在还让我差一点被门撞到。"

于是，这位梅先生大声地对周蒙蒙说："你这个人是怎么回事，没看到我站起来了吗？你是故意的吧？"

周蒙蒙也知道自己的疏忽差点让梅先生被门碰到，所以立刻向梅先生道歉："先生，真对不起，我不是故意的。"

梅先生本来也不愿意跟一个女孩子计较，听到她道歉了，也就说："没事了，不过你们企业员工的素质真不怎么样，希望你以后对待客户要有最起码的尊重。现在你去叫郭部长，就说他再不来，这个会也就不用开了。"

周蒙蒙连忙说："我这就去，您再稍等一下。"

过了一会儿，人力资源部郭部长赶来，慌忙说："真是对不住，让诸位久等了。"

梅先生没好气地说："我们又不是什么重要客人，我们多等一会儿也没关系。只不过如果早来一会儿也许就能看到我进医院了。"

郭部长一想，肯定是周蒙蒙刚才转述的时候出现了问题，心想："周蒙蒙这个新员工真不会办事情。"

这个案例告诉我们两件事：第一，我们说话要灵活，不能生搬硬套，不知变通；第二，为客人开门的时候，要注意细节。

那么打开会客室的大门时，应该注意哪些事项呢？

第一，如果会客室的门是向里开的，那么我们需要注意的就是，一定要确认一行客人已经全部进入会客室，才能放开门把手，否则后面的客人容易受伤。

第二，如果会客室的门是往外开，应该拉开门后，用身体顶住门板，然后向客人做"请进"的手势，示意客人可以进入会客室。客人全部进入以后，将门轻轻地关上，不能像案例中的周蒙蒙那样放开门不管，这样容易撞到人。

小提示

会客厅或会议室的门有两种：一种向外开；一种向里开。服务前，服务人员一定要了解清楚门的情况。

座位安排：由客户选择喜欢的位置

有人说，"一树一菩提，一花一世界"，就如这句话所阐释的道理，服务工作由各种细微的环节构成，都需要我们认真对待，需要每位服务人员用心为这个行业付出，得到的回报就是客户明媚的笑脸和信任。

学会安排会客室或者就餐座位对服务人员来说都是必须掌握的服务细节。安排得当，皆大欢喜；安排失误，可能引起不愉快。

那么为客人安排座位有哪些注意事项呢？

1. 座位的礼仪

一般来说，中国餐桌上的座位由主人安排，来宾不能不讲顺序地随意坐，否则可能引起主人和其他来宾的不满。

2. 桌次的顺序

我们说的桌次安排，一般是指大型宴会，如酒店会承办的结婚宴席，宴会上会有很多张桌子，这时的桌次安排就有一定的规矩。具体来说，处于正位的桌子应该背朝酒店礼堂，右边客人的地位更高，左边客人的地位相对较低。如果共有三列桌子，中间列的客人地位最高，右边次之，左边最低。

3. 席次的安排

客人来到以后，必须为客人安排座位，这就是我们所说的席次。席次安排大有学问，主要有以下六条。

第一，主要原则是以右为尊，就如桌次的安排原则一样，座位右侧的客人比较重要，左侧客人的重要性次之。

第二，官场或者职场上非常注重餐桌上的席位安排，特别是有重要客人或领导在场时。一般来说，职位高或者比较重要的客人应该坐上席，然后再以职位高低来安排席位。

第三，就餐者的职位相同或者重要性相当时，可以按照入职时间的先后来安排座位。

第四，传统意义上，女士的座位应与其丈夫的地位相当。如果其丈夫的席次排在第一位，那么该女士的地位排在第二位。如果宴请当中的女士是主角，且座位排在第一位，那么其丈夫因为没有她的地位高，则不与该名女士同等地位。

第五，中国是文明古国，尤其讲究礼仪，讲究长幼有序，比如师生之间的聚会尤其注意席次。假如刘先生是某部委的部长，官居要位，但他和他的老师孙教授一起用餐，就不能把孙教授的席位安排在刘部长之后，要考虑师生之间的长幼有序。

第六，安排座位的时候，末尾的座位不能安排女士。最后一个席位安排给女宾是餐桌礼仪不允许的。

除了上述准则之外，还有以下三点要注意。

第一，知道主位的位置。主位就是距离门口最远的位置，这个位置处在所有位置的正中央。

坐在主位意味着什么？意味着主位上的人就是买单的人，所以用餐过程中，有的客人要求加菜或者拿饮料，但这个客人不是主位上的人，这时候服务员需要请示主位上的客人，他允许了以后，服务员方可点菜或拿饮料。所以，对服务员来说，了解中国的座次礼仪，知道主位有什么作用，还是十分重要的。

第二，中国和西方的礼仪不同，招待外宾，安排座位时要考虑到东西方饮食文化和礼仪的不同。

第三，安排座位时，要提前做好准备，以防突发情况或特殊情况出现。

小提示

举个例子说明特殊情况，比如有些人职位高或者在一行人中有举足轻重的地位，但是他们不喜欢坐在主位，坚持坐在靠近门口或其他位置，这时服务人员就要顺从客人的意愿，让客人挑选自己喜欢坐的位置，接下来其他客人的位置只需要根据这个人的位置安排就可以。

奉茶：从客户开始顺时针奉茶

服务人员接待客人时需要注意的事项不少，其中必不可少的一项就是为客人奉茶。饮茶在我国有着悠久的历史，饮茶文化在中国传统文化中有着博大精深的一面。优秀的服务人员，学会奉茶的相关礼仪是很重要的，通过奉茶这项服务可以展现出服务人员及企业的良好形象。

朱莹莹是福建一家知名企业的秘书。一次，企业的高层在五楼会议室开会，会议刚开始的时候，需要她为每位领导奉茶。朱莹莹根据上级的安排泡上铁观音。

经过一系列的泡茶工序之后，朱莹莹开始为领导奉茶。因为都是本企业的领导，所以朱莹莹知道各位领导的地位，奉茶顺序没有错，但是，倒茶的时候，朱莹莹想着每次倒茶倒一点，不仅费事，还打扰领导开会。于是，本着方便的原则，朱莹莹倒茶时，将每位领导面前的茶杯都倒了近九分满。

朱莹莹奉茶完毕，以为就没事了，但是销售部王经理端起茶杯就喝，却没想到茶水太烫，茶水又太满，结果可想而知，茶水洒了出来。王经理不仅衣服湿了，最糟糕的是，开会要用的文件也湿透了。朱莹莹看到此情景，为自己茶水倒得太满感到羞愧。

在这个案例中，由于朱莹莹不懂得奉茶礼仪，领导的文件都没法看了。

为客人奉茶时，我们要考虑如下四个问题：第一个问题是奉茶的顺序应该是怎样的；第二个问题是倒茶时应该从客人的左边倒还是右边倒；第三个问题是倒茶的时候茶杯是放在桌子上，还是把茶杯拿起来；第四个问题是倒多少茶水，是八分满还是一半。这四个问题是我们奉茶的时候需要注意的，这些小细节无不体现着企业的形象。下面介绍一些奉茶前及奉茶时的注意事项。

1. 茶叶的准备

为客人准备茶水前，最好征询客人的意见，是喝茶还是喝饮料。如果喝茶，先告诉客人有什么茶可以选择。如果没有选择，就要告诉客人准备的茶叶是哪一种。服务人员不能自作主张，替客人做决定，询问清楚才是服务人员应该做的。另外，询问客人喜欢喝浓茶还是喝淡茶。

2. 茶具的准备

为客人奉茶，茶具也是必须注意的。茶具一定要在会议开始之前清洗干净，更要注意茶具不能粘有灰尘，尤其是很久没有使用过的茶具。最好的办法是，使用茶具之前，把茶具先用清水洗一遍，然后用开水把茶壶、茶杯烫一下。这样不仅茶具干净，而且客人用得安心。如果茶杯或者茶壶脏兮兮的，或者沾有污垢，却让客人使用，不仅客人不高兴，对企业形象也是一个极大的损害。

3. 个人卫生准备

除了茶具要保持干净，倒茶的服务人员也应该注意个人卫生。为客人奉茶之前，服务人员应检查自己的仪容仪表，特别是双手要保持洁净。

4. 倒茶

倒茶的时候，应该注意茶水既不能过多，也不能过少，不能因为杯子小就多倒点儿，杯子大就少倒点儿。一般来说，茶水占茶杯的七八分就可以了，倒太多可能茶水溢出来烫到客人，太少又显得主人没有诚意。

应该在客人的右后方倒茶，倒茶的时候一定要提醒客人“您好，为您奉茶，请小心。”避免客人突然转身发生意外。

倒茶时，一定要小心，避免把客人的衣服或者面前的文件弄湿，茶杯和水壶应该离客人远一点。最好让客人看到服务人员在倒茶，这样可以让客人放心茶水中不会出现异物。

5. 奉茶时应注意的一些细节

一是会议开始前，检查每个茶杯上的花样，确保它们完全一致，这是对每位客人的尊重，也是服务人员和企业负责任的表现。

二是保证茶水的温度在 80 摄氏度左右，茶水温度太高或太低都不太好。

三是为客人倒茶前，应该知道客人的身份，然后按照其重要性的顺序奉茶。

四是客人茶杯里的茶喝完后，服务人员应立即为其补充，不能让杯子空着。

环境维护：及时整理桌椅、杯子，净化空气

为客户提供一个良好舒适的环境，是接待人员必不可少的一项服务。会客环境在一定程度上影响着客户的心情，如果会客环境良好，客户就会觉得该企业形象很好，管理不错；如果会客环境脏乱差，那么客户对企业的印象又怎么会好呢？所以，维护会客厅的环境卫生，保持干净整洁是非常必要的。

刘可是北京一家民营企业的工作人员，平时主要负责客户接待，以及维护会客厅的卫生。一天上午，她的直接领导丁主管告诉她，今天有重要客户到访，要好好整理会客厅，大大小小的角落都要整理干净，因为这位重要客户有洁癖，不愿意在不干净的场所办公，这一次

是老板费了好大劲才把这位客户请过来给企业做指导。主管让刘可一定要打扫好会客厅。

刘可想着会客厅每天都打扫，而且每次主管都吩咐她好好打扫，也根本没有客人说会客厅不干净，况且今天早上刚打扫完，现在就不用再整理了。没想到，就因为这点儿偷懒，刘可为自己惹来了更多的麻烦。

来宾是一家企业的女董事，平时很注意个人卫生，甚至有点洁癖。当刘可引导这位女董事来到会客厅时，她对一旁的老板说："这就是你们的会客厅？太不符合你们企业'高大上'的形象了吧。你看桌子腿的灰尘，灰尘吸入口腔对人的身体是十分有害的。你们还是给我换一个地方吧。不然，咱们也别指导了，生意也别谈了。"

老板一听，瞪了刘可一眼，连忙说："咱们换一间，咱们去旁边。"

事情过后，刘可因为失职被扣罚了一个月的工资，并被告知如果再有类似事情发生，就要被开除。

那么，我们在整理、维护会客厅的卫生时应该怎么做？有哪几点需要注意呢？

第一，保证会客厅或者会议室内的各个角落都是整洁的。把客人坐过的椅子归到原位，将桌子、椅子统一摆放整齐；桌面上的茶杯、烟灰缸等杂物收回，检查桌面上是否有烟灰，把桌面清理干净。

此外，有的会议室或会客厅有衣架，要把衣架摆放到正确位置，并保证桌面、椅背等处不得有指纹或者其他脏痕。检查垃圾桶，只要有一点儿垃圾，就应该及时更换垃圾袋。

第二，要保证会议室或者会客厅墙面上的壁画等物品没有灰尘，要摆放整齐，不能歪歪扭扭。

第三，除了墙面，会议室或者会客厅的地面、窗户、窗台应该保持整洁。

第四，会议室有可能使用白板，要保证白板使用前或者使用后都是干净的，没有任何墨迹。板擦及板笔都要摆放有序，检查板笔是否可以写字，如不能，应及时更换。

第五，在会议开始之前，饮水机桶装水也应该及时补充，不能在会议过程中出现没水的情况。

第六，开会人员若使用茶杯喝茶，应该及时清洗茶杯，放进消毒柜并摆放整齐。

第七，会议室或者接待室要经常通风换气，空气清新十分重要，如果空气污浊，每个人都不会太愉快。空气清新，客人才不会感觉憋闷，谈话才能畅快。为了保证室内空气清新，除了使用空气清新设备外，室内的绿色植物也会发挥功能，所以应该保证室内绿色植物生长旺盛，植物的叶面不要有灰尘，发现植物有枯叶或黄叶，应及时清理。

第八，除了保证整个会议室或者会客厅的整洁卫生之外，还要注意会议室或者会客厅的一些物品不能给客人提供错误信息。例如，会议室或者会客厅一般都挂有钟表，要保证钟表的时间是正确的。如果不正确，务必及时调整。若有挂历或者台式日历，要保证它们的日期是正确的。如果日历已经过期，应该及时更换。

小提示

会议室的环境既体现了接待人员对来宾的尊重，也体现了企业对客户的重视。而且，只有接待人员维护好会客厅或者会议室的环境，才会给大家一个好心情，给大家一个清爽的工作空间。

送客：全员送客、送至电梯或大门口

送客是接待客户的最后一步，是否能妥当送别，关系到客户对接待人员和企业印象的最后评价。如果接待客户的整个过程中，前面每一个环节做得都很到位，却在送别客人的环节中出现了瑕疵，结果也可能功亏一篑。

汪先生邀请几位许久未见的老同学在上海一家中餐厅吃饭。几个老同学都想找个安静的地方说说话，于是他们订了一个包间，在包间安排了两张桌子。进餐过程中，服务员的服务很周到，老同学和汪先生都很惬意。

一会儿，汪先生要去卫生间，想问名字叫刘娜娜的服务员“卫生间如何走”，谁知道一转眼，看到刘娜娜正在招呼其他客人。只见刘娜娜热情地帮客人拉开椅子，穿戴衣帽，还为客人拿着包送到了门口。汪先生看罢，也没觉得有什么，问了其他服务员，找到了卫生间。

大概过了一个半小时，汪先生和老同学打算回去了，服务员刘娜娜只是帮他们去吧台结了账，没有像服务那桌客人那般热情，没有为他们拉开座椅，更别说帮他们拿着包，送他们到大门口了。她只是站在包间门口微笑着说：“请您走好，欢迎下次光临。”

汪先生一行人走到餐厅门口时，一位服务员对他们说：“欢迎下次光临。”

汪先生笑着对这位服务员说：“我有件东西忘在刚才吃饭的包间了，你让那个服务员给我找一下，让她帮忙送来。”

门口的服务员连忙答应。刘娜娜和刚才的服务员在包间里左找右找，没有找到，倒是在桌布下发现了一张折叠的纸。于是她俩小跑着来到汪先生面前，说：“汪先生，我们就找到了一张纸，其他都没找到，您看看您落下的东西是不是这个？”

汪先生笑着对刘娜娜说：“是的，那就是我的，是我送给你的。不过，你不要太介意，我就是和你开一个善意的玩笑。你在整个服务过程中，表现都很好，但是对待客人的态度上有差别，在帮助客人拉开座椅、穿戴衣帽，还有送别客人的距离，都没有一视同仁。”

刘娜娜听了之后，手里攥着那张纸，面红耳赤，一句话都说不出来。事实上，那桌客人是老板的客人，刘娜娜就特殊对待了一下，没想到……

我们对待客人应该一视同仁，送别客人时一定要注意礼节。有时候，不同的客人，我们要采取不同的送别礼，但是对餐厅来说，所有的来宾都是上帝，不应该有差别。

送别客人时，应该注意哪些呢？

第一，送别客人时应主动帮助客人提着行李或其他物品，并把物品送到客人的车上。

第二，企业可以根据客人的重要程度，将客人送到电梯口、企业的大门外或者把客人送到车上。

第三，送别客人时，陪同客人到电梯口，要为客人按电梯按钮，客人进入电梯且电梯门完全关闭之后才可以返回。

第四，送别客人时，需要坐电梯把客人送到企业门口，陪同客人坐电梯时，一般是客人先进入电梯，送别人员后进，出电梯的时候，送别人员先出电梯，并在一旁等候客人出来。

第五，为客人拿着行李或其他物品时，确认物品安放好后，要向客人交代物品已经放置好，这样显得送别人员更有礼貌。

第六，客人即将离开时，要向客户说告别语，如“您慢走，祝您一路平安”“您慢走，欢迎下次光临”等。

小提示

有时候，把客人的行李放在车上后还需要帮助客人关上车门，这时尤其要注意关车门的力度不能太大，关车门的时间也要把握好，否则会让客人不适。为客人关上车门后，有经验的送别人员会等着客人的车启动，并面带笑容向车里的客人挥手，车子远离后，才会返回。

第2章

登门拜访：重仪容、“三非礼”、不久扰

客户同意面谈，已经成功了一半。如何能在拜访过程中，为自己加分，成了拜访客户的又一重点。拜访客户过程中的突发事件有很多，灵活应变就显得尤为重要。

事先约访：以客户的时间为准

有人在销售行业风生水起，有人却举步维艰，甚至要转行，为什么在同样的行业，却有不同的境遇呢？其中一个因素就是看销售人员能不能为客户充分考虑。比如，有人一次次拜访客户，但是次次都被客户拒绝，可能因为他们没有注意到以客户的时间为准才是拜访洽谈的最好时机。

潘晓晴是最近才到保险企业担任销售助理的一名新人。临近岁末的一天，她协助销售代表吴娜洽谈一家互联网企业的员工保险业务。

这天下午，潘晓晴给那家互联网企业打电话，说：“您好，我是某

保险企业的销售助理潘晓晴，请问您是某某公司的陈总经理吗？”

“叫我陈先生就行，找我有事吗？”刚来北京不久的陈先生，普通话讲得不是很流利。

“我事先与您联系过，知道贵企业要为员工办理人身保险，上一次咱们商谈的不是很清楚，咱们能约个时间详细讨论相关事宜吗？”

“可以，我任何时间都行。”陈先生礼貌性地回了一句。

“那就明天下午四点在您企业见面吧。”想到如果邀约成功，明天可以提前下班参加家庭聚会，潘晓晴激动起来。

“那个时间怕是不行，我有事。”陈先生有点儿不高兴。

“您不是说什么时间都可以吗？”眼看着明天的聚会要泡汤，潘晓晴争辩道。

“我只是客气一下，你怎么能当真，再说时间应该由我来定，见面的时间改到下周一下午两点，地方不变。”陈先生有点不耐烦地说。

“陈先生，我那个时间真的有事，我们就把时间订到明天吧。”潘晓晴索性直接挂掉电话，告诉吴娜做好准备，明天一起去和陈先生商谈保险的相关合同。

第二天下午，吴娜和潘晓晴来到互联网企业，刚走到门口就被保安拦下了。

“你们干什么的？”保安非常傲慢地问。

“我们昨天和陈先生约好，今天来谈保险合同。”吴娜十分诚恳地说。

“谁跟你约好了？我们上头已经发话了，今天来卖保险的一个都不让进企业。”保安说。

吴娜听到保安的话，有点儿生气，但是又无可奈何。看了看旁边的潘晓晴，问：“晓晴，怎么回事？你不是和陈先生约好了吗？”

潘晓晴在旁边低着头，小声地说：“是约好了啊，但是那个陈先生怎么这样啊？为什么非要等到下个星期再谈，早谈完，早点给企业员工上保险啊。”

吴娜一脸不可置信地看着潘晓晴：“你说陈先生约定的时间是下个星期，为什么你告诉我要今天来？害我昨天熬通宵整理资料不说，还给陈先生留下了不好的印象。”

潘晓晴还一脸委屈地说：“是陈先生说什么时间都行，后来我说了时间，他又不愿意，怎么能是我的问题？明明是陈先生出尔反尔。”

吴娜看着潘晓晴说道：“一切都要以客户要求的时间为准，我们根本没有做决定的权利。”说完，吴娜气冲冲地抱着厚厚的资料走了。

潘晓晴约访没有以客户时间为准，独断专行，是此次拜访失败的直接原因。针对类似的情况，做好以下三点是重中之重。

1. 提前约定拜访时间，了解客户情况

上门拜访客户，尤其是第一次上门拜访，预约是必不可少的。一般应提前一周电话沟通，对客户情况做基本了解，就上门拜访的相关事宜达成初步共识；提前三天再次沟通，了解客户的最新情况，增进彼此之间的互信。

尽管潘晓晴预约了客户，但其安排第二天就会面的决定显然是不合理的。事先约访，只有沟通多次，做好充分准备，才能及时了解客户的最新情况，保证约访顺利进行。

2. 客户至上，尊重客户选择

客户即上帝，与客户就某一问题不能达成共识时，应首先站在客户立场，从客户角度出发，考虑客户需求，尊重客户选择，对自身工作再做合理安排。不以客户为中心的营销必然是失败的，不尊重客户选择的职员必然被淘汰。

3. 当天确认，保证预约成功

在前两次真诚沟通的基础上，当天的登门拜访确认成为保证预约成功的必要一环。每一名职员每天都要处理不同的事情，客户每时每刻也会遇到不同的情况，职员与客户之间的及时沟通是协调两者时间安排的关键。

小提示

以客户为中心的服务原则，要求我们事先约访务必以客户的时间为准。我们在与客户沟通的过程中，一定要确定好时间、地点，以免遇到不必要的麻烦，造成损失。

自我检查：备妥资料和名片

商场如战场，只有做好充分的准备才能打赢营销这场硬仗。虽然世界在变，时代在变，但是面对不同的客户准备不同的资料和相应名片的服务原则永远不变，这能帮助销售员获得客户的好感，进而促进生意的谈成。

来自上海的胡女士在一家中介企业从事房屋租赁工作。一如往常，胡女士接到一位客户的电话，在确认距离客户正式用房还有一段时间的前提下，胡女士先是承诺房源存量足够，接着征求客户具体的意见和建议，最后提出第二天登门拜访的要求并取得客户同意。

胡女士挂掉电话，立即着手准备材料。根据电话沟通，胡女士了解到客户家庭条件优越、性格内向、从事互联网工作、任职产品经理、工作地点在郊区等情况。针对这些情况，胡女士对比以往的案例，挑选出符合客户情况和要求的房屋，将相关材料做成文档，并在自己名片背后印上房屋地图。

第二天，胡女士给客户详细介绍了几种户型，并且把每种户型的优缺点说得明明白白，然后让客户根据实际需要和喜好选择户型。同时她还根据客户各方面的特点，向客户推荐了一种户型供客户参考。

本来客户觉得自己只找一个人看看房子，肯定不能有结果，毕竟买房子不是小事情。但是听了胡女士的介绍，他觉得胡女士推荐的户型完全是自己想要的那种，非常符合预期。客户觉得胡女士非常负责任，在她这儿买房子肯定不会错，就爽快地答应了胡女士，同意明天去看看房子的内部装修。

胡女士精心准备的资料和名片，抓住了客户的心理，帮助客户找到了非常符合需求的户型。最终客户很快签约，胡女士成功地卖出了房子，客户也买到了称心如意的房子。后来，这个客户觉得胡女士办事很牢靠，又有责任心，又帮胡女士介绍了好几个新客户。就这样，不到一个月，胡女士的销售业绩突飞猛涨，随之而来的就是升职加薪。

对照胡女士的成功经历，登门拜访前的自我检查可以总结为以下三点。

1. 确定拜访性质，准备相应资料

在登门拜访过程中，销售人员无时无刻不面对着各式各样的问题，而解决这些问题的重要途径之一就是准备充足的资料。拜访之前应首先确定拜访性质，不同的客户有不同的背景，其在企业中承担的角色也不尽相同，准备资料应该从个人与企业两个方面入手。

胡女士根据电话沟通了解到客户在经济、家庭、工作、性格等方面的信息，并结合客户在企业中担任产品经理这一关键信息，对客户资料进行归类、分析，从而做出有效判断，进而准备出最适合客户的资料。

2. 再三检查为妥，起点影响终点

准备充足的资料是基础，而资料只有被利用上，才能体现出资料价值，名片也是一样。对待任何工作的态度都必须严谨，这是成为一名合格职员的基础。正如合格是优秀的起点，妥当的资料和名片是登门拜访的敲门砖。

胡女士登门拜访前再三检查资料和名片，她的付出得到了相应的回报，一分耕耘一分收获，一分坚持一分业绩。每一名销售人员都明白起点在哪里，但不知道终点离自己有多远，因而唯一可以把握的只有起点。起点不是决定终点的唯一因素，但好的起点会使成功的终点越来越近。

3. 便利客户为赢，小名片大作用

提供用户满意的服务始终是成功的营销人员不懈的追求。那么，如何才能让客户拥有更多的获得感呢？这就要求我们从细节入手，即使一张小小的名片也可以派上大用场。名片是对企业或者个人信息的一种承载，有特色的名片，比如背后印上地图，能带给客户更深层次的体验，为营销增光添彩。

小提示

工欲善其事，必先利其器。登门拜访前的自我检查，要求我们更加注重细节。态度决定高度，细节决定成败。备妥资料和名片，这看似简单的工作，却是成功的销售人员必不可少的优秀习惯。

仪容修饰：衣着得体、发型利落

莎士比亚曾说：“一个人的穿着打扮就是他自身修养的最形象的说明。”莎士比亚时代离我们虽然久远，但是这句话仍然适用。登门拜访过程中，销售人员的仪容仪表会引起客户的关注，进而可能影响客户对产品的整体评价。如果销售人员不注重仪容修饰，客户对产品的评价自然不会好。

叶晓辉在广州经营一家服装企业。去年九月的一天，叶晓辉接到惠州一位批发商采购服装的电话，为表示尊重，他将会面的地点选在了客户入住酒店附近的咖啡厅，时间约定为当天下午两点。

中午，叶晓辉交代完工作，随即赶回家里将自己上上下下收拾了一番。他洗了澡，刮了胡子，然后穿上黑色西装，系上领带，换上黑色皮鞋，收拾妥当之后才出门。下楼的时候，突然觉得头发有点长，就又拐到旁边的理发店将头发剪短了一点儿。

叶晓辉剪完头发，到了咖啡厅，客户还没有来，他坐下后习惯性地跷起二郎腿，不料露出了黑色西裤下面的白袜子。叶晓辉猛然想起自己犯了大忌，赶快放下二郎腿，把脚伸在桌子下，试图掩饰不合时宜的白袜子。不料他的行为还是被刚刚走过来的客户看在眼里，那有点滑稽的黑白搭，给了客户一个印象，就是叶晓辉根本不懂搭配，他的审美应该也好不到哪里去。那么他的服装生意又怎么会好？

客户暗暗下定决心，不与叶晓辉合作了。虽然他们两位坐下谈了一会儿，但是客户对叶晓辉有了先入为主的坏印象，任凭他怎么诚恳地沟通，客户就是不为所动，最终合作没有谈成。

叶晓辉气质出众，身上黑色阿玛尼西装质感极佳，怎么看都是商务精英。然而明晃晃的白袜子十分刺眼，因为这一双白袜子让他失去了一个合作机会。可见细节虽小，但往往就是小细节决定了人生的成功与否。所以，销售人员应该从细节着手，汲取成功的经验，反思失败的缘由。

既然仪容仪表那么重要，那么我们在日常生活中应该如何注重仪表呢？

1. 养成良好的个人卫生习惯

仪容，在很大程度上指的就是人的面容。良好的仪容首先是整洁的面容，而整洁的面容又依赖良好的个人卫生习惯，因此养成良好的个人卫生习惯是重中之重。勤洗澡、常洗脸，能使皮肤光洁、清爽干净，无污垢、无汗液、无油渍、无其他任何不洁之物。

叶晓辉出门之前将全身上下清洗一遍，又刮掉胡须、修剪头发，这是值得借鉴的地方。树立良好的自我形象，首先应从个人卫生做起，这样不仅干净整洁了自己，与客户交往时也会使之舒心。

2. 男士着装注重简洁

符合身份、扬长避短、区分场合、遵守常规，是所有男士商务着装的基本原则，除此之外，男士也应该注重服装简洁。社交礼仪专家曾经呼吁：男士在商务场合应穿单色的西装。色彩过于鲜艳或发光发亮的西装，以及朦胧色、过渡色的西装，均不宜选择。

商务着装禁忌过分杂乱、暴露、透视、短小、紧身，更忌讳过分鲜艳。一双白袜子堂而皇之地出现在黑色西裤与黑色皮鞋之间，这种色彩上的反差所引起的奇异割裂感，即便客户不是强迫症也会别扭。

3. 女士的妆容倾向淡雅

穿着得体、注意场合、兼顾举止，是所有女性职员需要学习并掌握的社交礼仪。不同于男性，女性必须了解商务场合化妆的要求。一般来说，妆容倾向淡雅。底色无痕，眼部提神，眉色自然，眼影忌浓，嘴唇干净，发式干练，整体造型应以大方、优雅、简约为主。

小提示

销售人员要保证自己的个人形象整洁大方，它不仅反映出一个人的精神状态，更反衬出整个企业的文化素养。同时需要明白，个人形象更关乎你的薪资，关乎你的提成，所以销售人员一定要关注自己的形象。

时间观念：提前十分钟到达目标地点

时间观念是指人类观察感知到的自然时间或物理时间。对销售人员来说，时间观念又有新的内涵——拜访客户需提前十分钟到达目标地点。

郑楠楠现任物流企业的销售经理，一年前的某天她还是一名销售代表。那时她接到一位外商的电话，约她下午一点洽谈航空货运业务。事出紧急，郑楠楠挂掉电话后立即着手准备相关资料。

原本搭乘公交车到洽谈地点是最省时省力的，但由于中午时段堵车严重，为了不耽搁时间，郑楠楠立刻赶往较远的地铁口，绕道而行。

紧赶慢赶，郑楠楠终于在外商出现之前到达约定地点。找好位置坐下，郑楠楠拿出手机一看，时间显示为13：00，提着的心顿时放下了。原来她将手机上的时间调快了十分钟，此刻，准确来说应该是12：50。这多出的十分钟，郑楠楠可以更好地调整状态，等候外商的到来。

五分钟后，外商悠闲地走了进来。“你来得挺早呀，我的表刚好是下午一点。”外商来中国次数较多，中文说得还算流利。

“现在北京时间是12：55，想必您将表调快了五分钟。”郑楠楠微笑着答道。

“哈哈，这只是我众多好习惯中的一个，能让我看一下你的时间吗？”外商笑起来显得十分亲切。

“当然可以，这是我的手机，请您过目。”郑楠楠说完就向外商展示了手机时间。

“原来你将时间调快了十分钟，这真是非常明智的做法。我欣赏有时间观念的年轻人，现在我们可以开始聊聊合作的相关细节了。”

外商的此番话语令郑楠楠激动不已。在随后的洽谈中，郑楠楠更是惊奇地发现外商将合同期限由原来的半年增加到三年。郑楠楠凭借这一业绩，有了更大的信心，很快她从销售代表升职为销售经理。

时间待人是公平的，每个人每天都是24小时，但由于每个人应用时间的方式和珍惜时间程度的不同，其价值产生了天南地北的差异。

总结郑楠楠成功的经验，销售人员应吸纳以下两点建议。

1. 合理利用时间，树立时间观念

学会管理自己，首先要树立时间观念。时间观念不是一朝一夕就能树立的，它需要你认真观察生活，记录时间流向，分析时间运用状况，根据自身实际，订立目标，每段时间都有明确的任务，增加时间应用的效率。相应地，时间也会为细心的人保留财富和机遇。

成功总是留给有准备的人，懂得经营自己的时间，才能更从容地应对竞争日益激烈的商业社会。没有时间观念的销售人员注定要失去竞争的先机，陷入被动状态，从而被淘汰。

2. 提前十分钟到场，更早进入状态

守时反映出个人的文明修养，一个有时间观念的销售人员会令客户产生信任感。提前十分钟的目的是为接下来的拜访做好更充分的准备，使洽谈顺利进行。

小提示

时间待人是公平的，凡不具备时间观念者，事事拖沓，事倍功半；凡具备时间观念者，事事得力，事半功倍。十分钟不多也不少，然而优秀与平庸的差别往往就在这儿。

非礼勿听：不要看到客户与人私下交谈就竖起耳朵听

非礼勿听，要求我们关注自身，不要在客户与他人私下交谈的时候竖起耳朵听，这是销售人员应有的基本素养。纵然好奇是人的天性，但是打听客户隐私不仅于礼不合，更有损自身形象，有时候甚至产生恶劣的影响。

吴鹏飞在一家通信企业担任业务员，为人处事认真负责，工作起来一丝不苟。吴鹏飞不仅是企业所有业务员中学历最高的，而且他的文字功底和语言表达能力也是企业里最好的。除了对企业的整个业务流程十分清晰以外，吴鹏飞还能把企业的产品及服务向客户介绍得头头是道，可即便如此，他的业绩依旧低于一般水平。眼看着饭碗不保，吴鹏飞每天急得像热锅上的蚂蚁，却始终想不明白问题出在哪里。

有一次，企业安排吴鹏飞去拜访一位长期合作的客户。等到了约定地点，吴鹏飞得知客户正在开董事会，于是跟着秘书进入休息室等待。左等右等，客户还是没来，吴鹏飞索性溜出休息室，走到会议室门前。由于房间的隔音效果不佳，听觉灵敏的吴鹏飞一下子来了兴致，立刻竖起耳朵认真听了起来。对于他的这一举动，吴鹏飞自认为做得很隐蔽，可监控录像却显示得一清二楚。尽管吴鹏飞后来认识到自己的错误，但一切都于事无补，他当天下午就被开除了。

良好的行为是人们养成优秀习惯的基础，不当的行为却将产生恶劣的影响。销售人员要有所听，更应该有所不听，非礼不听。结合以上案例，登门拜访过程中，要做到非礼勿听，还需注意以下两点。

1. 知礼而后作

何为礼？礼貌、礼节、礼仪也。礼貌是人们通过言谈、举止、表情等表示友善和尊重的行为，礼节是礼貌的具体体现方式。没有礼节谈不上礼貌，有了礼貌，就必须具备相应的礼节。礼仪是礼节、仪式的统称，是人们表现自律、恭敬的整套行为。无论是礼貌、礼节，还是礼仪，三者的本质都是对人的友善、尊重。

人和人的交往十分普遍，适当注意礼节就行，而销售人员与客户的洽谈比较专业，应全面注重礼仪。社会交往也好，商务洽谈也罢，万变不离其宗的是对待他人的礼貌。知礼而后作，销售人员面对客户要有所为，有礼之为。销售人员只有掌握社交礼仪知识，塑造优良职业形象，提高专业礼仪知识，才能推动事业成功发展。

2. 回避礼仪忌讳

销售人员只有避开礼仪忌讳，方能赢得客户尊重。忌讳是商务交往过程中，为营造良好氛围而单方面抵制的行为禁令。忌讳因个人行为习惯的差别而不同，也因交往场合的区别而变化。销售人员在拜访客户之前，不仅要对客户的行为习惯做出预判，还应关注约定地点的社交礼仪和忌讳。既要知礼而后作，也要知耻而不为。

小提示

非礼勿听，不要看到客户与人私下交谈就竖起耳朵听；非礼勿听，小道消息不打听。如果销售人员对小道消息乐此不疲，势必会造成正式的信息渠道出现瘫痪。善用天性，非礼勿听，不要把好奇用到旁门左道上，销售人员应学会回避客户的隐私。

非礼勿视：不要私自翻阅客户资料

人们或多或少都会有好奇心，有好奇心是好事，但是我们要把好奇心用在正确的地方。在商务交往中，应该懂得非礼勿视的道理，否则不仅损坏个人形象，更有可能引来大麻烦。

周国庆是一家汽车企业的业务经理，前两天，他接到了一位客户的投诉电话，客户的语气甚为不悦。原来，客户马先生那天上午在和汽车企业的业务员刘鸿谈合作的时候，马先生因为接到一个非常紧急的电话，就让刘鸿在会议室先等自己一会儿，他先去接电话。

没想到，刘鸿见马先生打电话一直不回来，而且他们谈判的时候，马先生又不肯说出自己的最低条件，所以刘鸿就想趁这个机会看一下马先生放在桌上的文件中有没有相关的信息。如果有的话，自己就可以提前知道马先生的条件，那么也就有了谈判的底气。

刘鸿没想到的是自己刚拿起马先生的资料，马先生就急急忙忙地回来了，刚好看到刘鸿拿着他的文件。马先生一看，当然生气，觉得这个人太不可信，一点最基本的素养都没有，所以马先生打电话给周国庆。

周国庆接到电话以后，知道马先生十分生气，立即安抚说："马先生，您先别生气，那个业务员刚来企业没多久，不懂规矩，您不要和他一般见识。"

马先生仍然很生气地说："不是我和他一般见识，是你们的员工连做人最起码的素质都没有，竟然偷看我的文件，这是应该的吗？"

周国庆连声回道："不应该，不应该。马先生，您先别生气，咱们找个时间，我亲自向您赔礼道歉，有什么事情好商量。"

马先生说："这还差不多，如果他再来，这生意就别做了。"

周国庆赶紧说："肯定不让他去，一会儿我找那个业务员谈话，若是他认识不到问题的严重性，就考虑让他离开企业。"

后来刘鸿因为私自偷看客户的资料受到了企业的警告。

实际上，每个人都应该做到非礼勿视，这是从小到大应该养成的行为规范。我们怎样做到非礼勿视呢？

第一，端正自己的是非观。明确要做的事情是否正确，如果做了，内心是否受到谴责，是否遭到他人的唾弃，是否因为这件事影响自己在别人心目中的形象。只有分清是非，懂得什么是对、什么是错，才能知道什么可以看、什么不可以看。

第二，抵挡得住诱惑。有时候我们能够分清是非，也知道什么应该做，什么不应该做，但是面临金钱、利益或者其他诱惑时，却抵挡不住，从而任由自己做了不应该做的事情。

小提示

案例中的刘鸿，明知道自己不应该偷看客户的资料，但是想要知道对方信息的欲望遮蔽了内心的理智之光。

非礼勿动：不要随便动客户的物品

有些业务员拜访客户的时候，没有得到客户的许可，就擅自翻动客户的一些物品，这种行为是客户极度反感的。

拜访客户时，不能乱动客户的东西，包括客户桌子上的文件或者私人物品。特别是客户的手机、电脑更不能随意翻看，因为手机或者电脑中可能有很重要的机密资料。如果乱动，不仅是不道德的，很可能还触犯了法律。

杜燕是广州一家销售食用油企业的销售员。由于销售工作的性质，销售员经常在外面跑，杜燕的手机总是很快没电，天天带着充电宝出门找客户非常不方便。杜燕听说苹果手机待机时间长，打算自己买一部。

一天，杜燕像往常一样拜访客户。杜燕来到客户徐先生家里，向徐先生说明来意，正好徐先生的餐厅需要购买食用油，徐先生就请杜燕到屋里坐，还给她倒了水，相当客气。

徐先生说："你先在这里坐一会儿，我去一下洗手间。"

杜燕说："没事，您快去吧。"

徐先生走了以后，杜燕东看看西瞧瞧，突然看到茶几上有个苹果手机，是最新的 iPhone7 plus，她眼睛瞬间亮了，自己正好想买一部这样的手机。于是，她从沙发上站起来，走到茶几那边，拿起徐先生的手机，心里想："这手机摸着手感就是好，过几天买一部去。"

就在这时，徐先生回来了，看见她拿自己的手机，就问："你拿我的手机干什么？"

杜燕赶紧把手机放回茶几上，慌张地说："徐先生，我没有别的意思，就是我想买一部手机，看见你的手机很好看，就拿起来看了看。"

徐先生心里有点不悦，觉得杜燕擅自动自己的东西很不好。于是，他告诉杜燕："杜小姐，我突然想起来，一会儿有事要出去，至于食用油的事咱们下次再谈吧。"

杜燕本来以为自己的行为惹怒徐先生了，没想到徐先生说下次再谈，心里挺高兴，就说："可以，您先忙，那我先走了，咱们下次再联系。"

可是后来，杜燕再打电话给徐先生，徐先生的回答要么是不在家出差去了；要么就是最近忙没时间见面。

杜燕逐渐意识到自己未经徐先生同意就看了他的手机，徐先生生气了。

因为乱动客户的东西，杜燕失去的不仅仅是一单生意，更是徐先生这个客户。

非礼勿动是日常生活中大家都应该懂得的道理，为什么有些人明知道这个道理却没做到呢？作为销售员，你的一举一动都在客户的眼里，你应该比平时更加注意自己的言行举止。

非礼勿动要求销售员拜访客户时谨言慎行，不但不能乱动客户的私人物品，而且还要注意自己的坐姿，不能在客户暂时离开时就随意歪坐在椅子或者沙发上，你要明白自己是来谈业务的，不是来享受的，你展现给客户的应该是尽职尽责、有诚意的形象，而不是不讲礼貌、不懂礼仪的样子。

非礼勿动给销售人员定了一个条框——不该动的物品不要动。就像案例中的杜燕，没有得到同意就翻看徐先生的手机，如果手机里存有私密内容，那么杜燕的行为可能引起纠纷。

寻找话题：天气、仪表、家乡、家庭、爱好

有经验的销售员都知道想与客户谈成生意，不仅销售的产品要符合客户的需求，与客户搞好关系也是相当重要的。如果能和客户拉近关系，和客户间建立起信任，这不仅有利于销售任务的完成，更有利于以后销售业务的开展。也就是说，销售过程就是建立人脉的过程。

任勇在北京一家销售二手房的企业工作两个月了，主要负责二手房的销售，但是这两个月他一套房子都没有卖出去，每个月只能拿点儿基本工资，勉强维持在北京的日常开销。

任勇想着如果第三个月再没有销售业绩，就考虑回老家了。

这天，他跟着企业的一位师兄去向客户介绍房子。这位师兄叫林宽，他在企业已经工作一年多了，业绩在企业名列前茅。任勇跟着林宽去见客户，才明白自己和师兄的差距在哪里，也明白了为什么自己两个月来没有卖出一套房子。

任勇看着师兄和客户聊天，好像根本不是在卖房子，而是在和客户聊天。聊的内容什么都有，但是总是以客户为中心。刚开始时，客户对他俩爱搭不理，根本没想和他们谈买房子的事，但是大半个小时过去了，师兄和客户聊得热火朝天，好像他们是多年的好友。至于房子的事，师兄总共也就和客户说了不到十分钟，好像房子只是他们聊天的一个话题而已。

任勇在一旁默默地听着他俩聊家常，想想自己以前与客户相对无言的情景，认真地思考自己应该如何改变。

为了和客户建立良好关系，增加自己的销售业绩，销售员应该如何做?

第一，销售员初次见客户，搞好关系是关键。表明来意后，如果客户没有意愿购买，销售员不能打退堂鼓，而应该找一个切入点和客户聊天。可聊的内容很多，比如问客户的孩子多大啦，家乡在哪里，平时喜欢做什么运动，节假日爱上哪儿玩，喜欢吃什么水果，喝什么饮料等。聊得多了，总会找到共同话题，找到共同话题后，再与客户沟通就容易多了。

那么，聊天的切入点，该如何切入呢?如果是在家里，就可以从房间的一些装饰入手，或者一件旅游时买的纪念品，可以趁机问客户喜欢去哪儿旅游，带着孩子去的吗，然后接着问问孩子上学没，再聊到客户配偶做什么工作等。

这个时候最好能与客户交换QQ和微信，互相加为好友，更有助于以后和客户的联系和交流；还可以了解客户是否快过生日了，或者孩子报了什么课外班等有关客户的生活动态。掌握了客户的动态，销售员就可以准备和客户下次见面聊天的话题，还可以为客户买个小礼物。这些都有助于销售员与客户建立良好关系。

第二，为了与客户拉近关系，除了聊一些家长里短的话题，销售员还应该对客户所在行业有一定的了解。也就是说，要掌握一些和客户所在行业相关的最新资讯或者相关的问题和新闻，必要时还可以向客户阐述自己的观点。如果做足功课，相信销售员的言谈必定能让客户对其有个不一样的看法，那时，与客户的沟通会更加顺畅。

小提示

为了能与客户经常联系，不让客户忘记你，销售员可以每隔一段时间给客户发一些祝福短信，或者在社交账号上评论客户的动态。

有效发问：将话题导向与拜访目的有关的话题

什么样的销售员才是优秀的销售员？顾名思义，销售就是把东西卖出去。只有懂得销售产品，产品销售成绩好才是优秀的销售员。优秀的销售员明白和客户搞好关系不是目的，让客户接受产品才是初衷。那么，销售员就要适时地引导客户，把话题转到要销售的产品上来。

张凯在上海一家企业做电话销售员，主要工作是挖掘客户，向客户打电话推销电脑。一次，同事李惠给了他一个电话号码，说这个人有意向换电脑，请张凯打电话问问这位程先生的具体情况。

张凯拨通了电话，问：“您好，是程先生吗？”

程先生回道：“我是，请问你是哪位？”

张凯说：“我是电脑科技企业的，现在想向您做电脑的售后调研，请问您现在使用电脑吗？”

程先生说：“用啊，工作离不开电脑。”

张凯说：“您用台式机还是笔记本电脑？”

程先生说：“在办公室用的是台式机，在家就用笔记本电脑。”

张凯说：“程先生，是这样，我们企业最近在搞活动，笔记本电脑正在促销，价格比平常优惠了好多。”

程先生说：“你是想卖给我电脑？不是售后调研吗？”

张凯说：“呃，也是，我们就想……”

程先生说：“你不用继续说了，我现在不想买电脑，我的笔记本电脑用着挺好的。”

张凯说：“程先生，我不是那个意思，我想说现在机会难得，所以我想……”

程先生直接挂断了电话。

张凯的这次电话销售之所以失败，就是因为他没有找到合适的时机引导程先生这个潜在客户，反而被客户牵着鼻子走。

在程先生说了自己有电脑以后，张凯没有积极回应客户，反而是按照自己的推销思路来进行，这样做的结果就是遭到客户的拒绝。实际上，程先生回答了问题之后，张凯就可以借调研之名，了解程先生在使用笔记本电脑时有什么疑虑和困难，从而了解客户的需求。接下来张凯可以趁机向客户推荐电脑，并说明有优惠活动，这样张凯卖出电脑的可能性就会增加。

销售人员应该怎样找到合适的时机把话题引向销售并达成销售目

的呢？

第一步，在与客户交谈过程当中，不论销售人员是否与客户搞好了关系，要想客户买产品，就必须让客户知道产品的存在，就要适当地引入销售的话题，并且不能让客户反感。所以，转换到销售话题的时机要得当。

案例中的张凯明显没有找到恰当的时机，使潜在客户程先生识破他并非想要调研而是想推销电脑，最终导致这次推销失败。

第二步，掌握主动权。有效地向客户提问题，是转移话题的一个办法。通过提问，找出客户真正的问题，让客户自己提出需求。

该案例中，张凯若是先向程先生提一些问题，找出程先生的需求，而不是直接向客户推销，程先生应该不会那么快就挂断电话。

第三步，引起客户的兴趣。在了解到客户的潜在需求之后，向客户推销产品，销售人员可以说："我们企业正在销售一个产品，而且正好符合您的需求，不知您有没有兴趣了解一下呢？"

第四步，掌握说话技巧，不要吞吞吐吐，含糊不清。另外，在与客户说话时一定要注意态度，比如不要抢话，应该耐心地听客户先说。在你说话时，态度不仅要和善，而且必须要诚恳，争取让客户信任你。

动作幅度：稳重优雅，不可夸张

销售员拜访客户时，不仅需要衣着得体，而且在与客户交谈过程中，更要注意自己的举止。销售员说话时手舞足蹈或者坐姿不雅观，可能给客户留下不好的印象。

张宏伟是一家企业的销售员，企业主要销售用于冶金机械的大型检测分析仪器。一次，张宏伟在与一个客户的交谈中，了解到一家单位有购买大型检测分析仪器的意愿。通过进一步了解，知道这家单位确实有这方面的需求，并且该单位的这个项目正在进行中，目前正处于前期调研阶段。

张宏伟为了拿下这单生意，积极搜集资料，准备一些相关数据，做好准备后，开始预约那家单位的负责人韩先生。由于韩先生比较忙，他们的见面时间定在次日上午十点，地点就在韩先生的办公室。

第二天，张宏伟早早出发，以免路上堵车迟到。到了韩先生办公室后，韩先生很热情，而且还从抽屉里拿出了上好的茶叶招待他。张宏伟注意到茶叶包装特别精美，想着韩先生应该是一位爱茶之人。接着他们简单地聊了项目的情况，以及两家企业都非常关注的一些问题。

他们大概谈了十五分钟，韩先生说让张宏伟先歇一会儿，他去找两位技术员再谈谈技术方面的要求。

过了五分钟，还不见韩先生回来，张宏伟就靠在沙发上。因为准备资料，他凌晨两点才睡，现在精神一松懈，人就瞌睡，总想靠在沙发上歇一会儿。张宏伟这样想着，竟然靠在沙发上睡着了。

韩先生和两位技术员一边走一边说这次项目的一些技术需求，回到办公室，看到张宏伟睡着的画面。韩先生瞬间觉得这位销售员太没有礼貌了，怎么能在这儿睡觉呢？他喊醒张宏伟，告诉他："张先生，你太累了，要不今天你先回去休息，以后你精神好了，咱们再谈。"

张宏伟一激灵，说："韩先生，实在不好意思，我真的不是故意的。"

韩先生说："没关系，有的是时间嘛。"

张宏伟没有办法，只能先回去了，觉得这一次真是功败垂成，好可惜。

后来，张宏伟再和韩先生联系时，韩先生的单位已经和另一家企业签约了。张宏伟非常后悔，一个亿的单子就这样被自己弄丢了。

张宏伟拜访客户时，竟然靠在沙发上睡着了，这样不尊重客户，客户又怎么会与他谈生意呢?

有些销售员拜访客户时总是坐立不安，可以说“坐没坐相”，给客户留下非常不好的印象。怎样才能“坐有坐相”呢? 具体来说，要注意以下两点。

第一，客户未入座前，不可入座。入座时，男性销售员一定要轻轻入座，坐在椅子上，可轻靠椅背，然后身体稍微向前倾斜。有人习惯坐在椅子上跷起二郎腿，这在客户面前是万万不可的。

男性销售员入座后，如果要站起来，一定要注意不能猛起猛坐，否则可能引起桌椅乱响，还有可能弄翻桌子上的茶杯或其他物品。

第二，女性销售员与客户谈话时，不能把背部紧紧靠在椅背上，应该让脊背挺起来，使脊背与椅背保持一个拳头的距离，两手若不拿文件或其他物品时，应该轻轻地叠放在膝上。

女性落座以后，双脚应该朝向同一个方向，然后把内侧的腿稍微后偏一点，这样的坐姿看起来更优雅。

小提示

不论是女性销售员还是男性销售员，坐下后，调整好姿势，切不可频繁变换，东张西望。与客户交谈时，销售员的肢体语言不可过于夸张，动作幅度最好不要高过头，也不可宽于肩膀，如果动作幅度太大，旁边有人，有可能打到别人。

拜访时间：控制在半小时到一小时

要想成为一名优秀的销售员，不仅需要每天都充满朝气，还需要做好万全的准备，如果努力争取到了拜访机会，却因为一些细节失去客户，那就得不偿失了。其中，注意拜访客户的时间就是一个小细节。

胡延文是一个朝气蓬勃的销售员，他相信通过努力，自己一定可以在销售行业闯出自己的一片天。但是，理想是美好的，现实却残酷得让人想哭。胡延文在一家企业工作 3 个月，还没有跑成一单业务，他被打击得已经快要怀疑人生了。

这天，胡延文又预约了一位客户常女士。这位常女士自己创业，创办的是电子科技企业。由于售后运维服务不完善，常女士想找一家企业专门管理自己企业的售后。胡延文知道情况后，立刻表示他们的企业可以提供这种服务。胡延文和常女士约定后天下午三点半见面，聊一下具体情况。

胡延文预约了客户之后没有兴奋的得意忘形，而是好好想了想以前每次失败的经历，着手准备资料，并且把资料都背了下来，准备得很充分。他想这次一定不能一问三不知，让客户觉得自己不专业，没诚意。

与客户约定的日子到了，胡延文出门的时候想，要不要给常女士打个电话确认一下呢？上一次有个客户竟然忘了与自己的约定时间，让自己在那白白等了两个小时，最后客户还埋怨自己没提醒他，这次还是打个电话确认一下，以免常女士也忘了。

胡延文拨通了客户的电话，说："常女士，您好。我是胡延文，今天跟您约定了在昌吉咖啡厅见面。"

常女士接了电话说："真不好意思，企业现在临时有事情，我现在走不开，咱们把时间往后推一下行吗？"

胡延文想了想说："可以，您看什么时间方便？"

常女士看了一下手表，说："咱们把时间推到下午 5 点吧，地点还是老地方。"

胡延文说："行，5 点我在老地方等您。"

常女士说："可以，不见不散。"

胡延文挂了电话，庆幸道："幸亏打了电话，不然……"

胡延文提前去了咖啡厅，在那里又把所有资料都看了一遍。大概下午 4 点 50 的时候，常女士来了。

常女士好像还是有急事，问了胡延文两个问题，还是不时地看一下表。胡延文看到这种情景，赶紧把自己准备的资料一一向常女士说明，大概过了一个小时，常女士看着表说："胡先生，我得去接我儿子放学，您讲的我大概也都懂了，对您企业的业务状况也有了一定的了解。"

胡延文一听常女士要走，连忙说："您先别走，我还有非常重要的一点没说完。"

常女士皱了皱眉，说："我儿子这时候已经放学了，再说您说的我也都明白了。我回去想想，咱们再决定是否合作。"

胡延文听了说："好吧，那您赶紧去接孩子吧，孩子重要。"

后来，胡延文再次预约常女士时，常女士总会提前说好谈话时间从几点到几点。胡延文也意识到可能是自己占用客户的时间太长了，吃一堑长一智，以后一定要注意拜访客户的时间长度。

拜访客户时要把握好时间，一方面是站在客户的角度为客户着想，不占用客户太长时间，避免耽误客户的其他事情；另一方面就是自己要在有限的时间内，有效地向客户介绍产品，让客户对产品产生深入了解的想法。

该案例中的销售员胡延文，虽然他想让客户更多地了解企业的产品，但是没把握好时间，导致客户安排见面都要求明确具体的时间长度。这只是不太严重的后果，有的客户会觉得这个销售员根本不以客户为重，而且说话絮絮叨叨，翻来覆去，找不到重点，那么他们极有可能不愿意再次与这个销售员见面。所以，我们一定要把握好拜访客户的时间，并在有限时间内快速有效地使客户对产品感兴趣。

结束语："感谢你们今天的招待！耽误你们的时间了！"

礼貌在我们的生活中无处不在，面对客户时，更应该注意礼貌用语。结束拜访后，也要向客户表示感谢，这样可以彰显我们的自身素养，更能给客户留下一个好印象。

卢晓丽是江苏一家经营乳化油企业的销售人员。一天，卢晓丽正在上班，有一位史先生来咨询乳化油的问题。卢晓丽一听挺高兴，热情地接待了史先生，并且热心地回答史先生的问题。不一会儿，史先生说他已经买过乳化油了，现在只是想来做个比较。

卢晓丽的心顿时凉了半截，但是她并没有因为史先生不买产品就不再好好地接待他，而是一直耐心地解答史先生的所有问题。

史先生离开后，卢晓丽没有想太多，就是正常工作。

一个多月后，史先生突然打电话给卢晓丽，说他的朋友汪先生想要买油，问什么时间可以见面。卢晓丽没想到史先生会为自己介绍客户，万分感谢史先生，并记下汪先生的电话号码。

卢晓丽给汪先生打电话，说："您好，是汪先生吗？"

汪先生说："是啊，您是哪位？"

卢晓丽说："我是史先生介绍的卢晓丽，史先生说您需要乳化油。"

汪先生说："哦，是的。我最近正在做模具生意，加工高碳钢，但是我以前用的那种油防锈效果不太好，所以我想看看你们是否有质量好一点儿的油。"

卢晓丽回道："汪先生，我们企业的产品您绝对可以放心使用。您看我们什么时间见个面，我带产品过去，您也是行家，肯定能看出来油的质量怎么样。”

汪先生说：“也行，那你明天上午来我办公室，一会儿我把地址发给你。”

卢晓丽说：“好的，明天我去拜访您。”

第二天，卢晓丽比约定时间提前10分钟到了汪先生的办公室，汪先生的秘书还给她泡了龙井茶。

卢晓丽向汪先生详细介绍了企业的产品，并现场展示了乳化油的效果。汪先生本来还在犹豫，现在是完全信任史先生推荐的这家企业。经过半个小时的商谈，汪先生决定购买卢晓丽企业的产品，不过购买的具体数量由于汪先生的技术人员还没有把数据报上来，汪先生决定下次再告诉卢晓丽。

卢晓丽觉得这单生意八九不离十了，走的时候也很高兴。离开的时候对汪先生说：“汪先生谢谢您的招待，您的龙井茶真是不错。”

汪先生笑着说：“喜欢就好，喜欢就好。”

卢晓丽说：“今天耽误您时间了，希望咱们这次合作愉快。”快走到门口的时候，看到了刚才为她倒茶的秘书，亲切地说：“今天麻烦您了，谢谢。”

后来，卢晓丽做成了这单100万元的生意，这单生意不仅让她得到上级的重用，更为她积攒了人脉。这一切都源于卢晓丽对客户的负责，对客户热情的相待。

在这个案例中，我们不仅要学习卢晓丽对待客户的态度，而且还要学习一点，拜访结束时，用恰当真诚的语言向对方表示感谢，这也是销售人员需要特别把握的细节。说这些礼貌用语的时候，要自然、不做作，要令客户为之动容。反过来，如果感谢客户时用非常夸张的语言或者动作，很可能令客户反感，效果就会适得其反。

也许有的人会疑惑，不论拜访客户的目的是否达成，反正这次交谈已经结束了，是否还有必要讲究结束语呢？答案是非常有必要。因为恰当的结束语可以给客户留一个好印象，就算这次业务没谈成，但是客户一旦有需要，就会想起那个有礼貌的销售员，可能把生意交给其做。

小提示

销售就是一个积累资源的过程，如果你在客户心中的形象不佳，那么客户就不会找你，更谈不上积累人脉资源了。所以，想成为一名优秀的、成功的销售员，为什么不在拜访结束的时候给客户留个好印象呢？

第 3 章

电话沟通：用尊称、多敬语、巧赞美

客户不方便见面，通过电话沟通就成为必要的手段。如何打电话、如何接电话、如何在电话中交谈也成为销售人员必须学习的一项技能。

使用尊称：职务、年龄、身份

电话沟通时，使用尊称称呼对方，往往会令对方心情愉悦，有利于接下来的交流。而且得体的称呼可以显示出一个人良好的礼貌素养，这对于以后的交流或来往大有裨益。

对女性的尊称可以是“小姐”或者“女士”，对男性的尊称可以是“先生”。如果知道对方的职位，可以在对方的职位前加上姓氏，如“杨部长”“陈经理”“张总”等。

“赵先生吗？我姓林，是密林企业业务代表。我知道您是成功人士，我想向您介绍一下我们企业的产品。”

赵先生直率地说：“不好意思，林先生，你的夸奖我承受不起。我现在有事，对你企业的产品不感兴趣。”说着就挂断了林九洲的电话。

林九洲放下电话，拿起电话本，看着下一个电话号码又接着打。林九洲觉得不是他思想消极，而是打了快40分钟的电话，客户要么是不接电话，要么是还没说几句，就把电话挂了。这让林九洲非常惆怅，但又无可奈何。

蒋经理问：“小林，你想过为什么客人说不了两句就挂你的电话吗？或者不给你见面的机会呢？”

林九洲认为：找客人难，想和客户见面更难，这是销售行业都知道的定理，所以约不到客户，也应该没什么奇怪的。

蒋经理见他低着头不吱声，便向林九洲解释：“第一，向客户打电话应该说明来意，说是为了和客户见面而打电话。如果你想通过一次电话就做成一单生意，那几乎是不可能的。第二，称呼对方时，应该使用尊称，但是使用尊称的时候不能太夸张。捧场话说得太夸张也不行，你一开口就喊别人是成功人士，一般对方对这顶高帽非但不会喜欢，反而会反感。这种奉承太露骨，对方会觉得你的推销太刻意，觉得你急功近利。第三，也是最重要的一点，打电话只是约见客户的一种途径，要想推销产品，还得见面，妄想在电话中把产品推销出去是不太现实的。再说，就算客户有购买的意愿，我们难道把产品隔着电话线传给客户吗？”

蒋经理说完拿起电话亲自示范给小林看。

“周总？您好！我姓蒋。我们没有见过面，可以占用您一分钟吗？”他有意停了一下，等待周总消化刚才的说话内容并回复。

周总说：“我正在开会，现在没有时间。”

蒋经理马上说：“那么我30分钟以后再给您打电话，好吗？”

周总痛快地答应了。

蒋经理对林九洲说：“作为销售人员，客户挂断我们的电话和我们主动挂断电话的感受是不同的。如果我们主动挂断电话，那么我们在销售过程中的失败感会轻许多。这也是调节心情的一个小办法。”

30分钟以后，蒋经理再次给周总打电话，说：“周总，您好！我姓蒋。刚才我们约好半小时后通电话……”蒋经理努力营造出一种和周总很熟悉的气氛，这样可以缩短两个陌生人之间的距离。

“你是做什么的？”周总问。

“我是密林企业的业务经理，专门负责为客户设计理财投资计划……”蒋经理刚说了个开头，就被周总打断了。

周总接口说：“简单说，就是教人怎么赌博，然后欺骗客户的？”说完双方都笑了。

“当然不是。”蒋经理说，“我们可以见见面，虽然现在您可能不需要，但是您如果看过我们的资料，肯定对这一块印象比较深刻。今后如果您有什么需求，一定会想到我们企业。”

周总笑了笑，没说什么。

“周总，我这两天都在你企业附近工作。如果你明天或者后天有时间，我们什么时间能见个面？”蒋经理问。

周总想了想，说：“那就明天吧。”

“谢谢！周总，上午还是下午？”蒋经理问。

“上午吧，10点钟，在我办公室。”周总回答。

“好，明天上午10点钟见！”蒋经理说。

蒋经理放下电话，见证了整个约见客户过程的林九洲禁不住拍手鼓掌，他觉得蒋经理太厉害了。

销售是一门艺术，若想在销售行业做好，销售人员需要不断学习，不断成长，在学习中不断进步。学会恰当使用尊称，对销售会有不容小觑的作用。

我们可以搜集一些在电话中经常对客户说的尊称，摘抄在小本子上，经常读一读，以免我们称呼客户或者与客户交谈时说不出来，或者说得生硬、不自然。

使用敬语：您、您好、请、可否、多谢、抱歉

在与客户电话交流的时候，恰当地使用敬语可让我们的交流更顺畅。经常使用的敬语有“劳驾，麻烦您了”“对不起，打扰您了”“十分感谢”“抱歉”“耽误您的时间了”“多有打扰”“请”“请多多支持”“请您理解”“可否”“劳驾”等。

由于各大商家的大力推动，“双十一”好像成了全国的购物节。所以每年的这个时候身为快递企业客服的黄依依都特别忙。

2022 年“双十一”期间的一天，黄依依在企业加班，这几天连轴转，黄依依觉得特别累，非常想早点回家洗个澡好好睡一觉。但是，就在加班快结束的时候，她突然发现企业的一位大客户使用的电子面单出现了问题。

黄依依本来想早点回去休息，结果出现了这么一个问题，如果今天不解决，那么这位客户一定很着急。但是黄依依实在太累了，就想着明天早点来解决。

第二天一早，黄依依刚到企业，一个电话打过来了，问：“您好，你们是 ×× 快递吧？”

黄依依说：“是的，请问您有什么问题？”

对方说：“我姓马，叫马玉峰，今天我发现我的电子面单出现了问题，你能帮我查一下是什么问题吗？”

黄依依一听，想起来这就是昨天晚上没解决的那个问题。她马上

告诉对方："马先生，您的电子面单的打印格式出现了问题，所以打印出来的面单条码识别不出来。"

马先生说："我现在关心解决方法是什么，现在我们业务特别忙，如果因为这个问题导致我们今年'双十一'的销量不好，这个结果谁都承担不起。"

黄依依说："马先生，您说的是，您可否稍等一会儿，我马上找同事过来，10分钟就能给您修好，修好以后，我马上打电话告知您，您看这样行吗？"

马先生说："那行，我等着你的电话，请你尽快。"

黄依依说："马先生，您放心，一修好，我就马上告知您。"

黄依依挂了电话，赶紧联系IT部的同事胡崇，胡崇也是刚来上班，凳子还没坐热，就接到了求助电话。胡崇赶紧去更换打印机设备，然后跑来调整电子面单的打印格式。

黄依依看时间过了七八分钟，但是为了确保那些条码可以使用，就和同事胡崇一起，拿了其中一个坏掉的条码去重新打印，结果证明他们的努力抢救还是有成效的，现在客户不用着急等待了。

黄依依赶紧打电话告知马先生，马先生对黄依依他们的服务态度和质量都非常满意，很感谢他们。如果不是黄依依他们的帮忙，收件人就无法接收快递，非常影响商家的信誉。

黄依依虽然因为疲劳，没有及时地为客户处理问题，但是她第二天积极帮客户解决了问题。虽然很累，但是她没有把情绪带入工作中，对客户仍然十分礼貌，说话的时候也懂得使用敬语，这一点是非常可贵的。

使用敬语表现了服务人员的敬业品质，也间接体现了企业对员工培训的力度。如果服务人员对客户恶语相向，那么这个企业的企业文化又怎么会好呢？所以，一定要让服务人员学会说敬语，从而让企业的服务更加贴心。

把专业术语换成通俗用语：PA →公共领域

进行电话销售的时候，有的销售员为了展示产品的高端就会使用一些专业术语。

专业术语使用恰当，可以帮助产品树立良好的专业形象，提高客户心目中销售人员的专业水准。但是如果专业术语使用不当，客户可能听不懂，就会失去继续了解产品的兴趣。太多专业术语也可能让客户有挫败感，导致客户不想继续交谈，甚至觉得销售人员是在卖弄学问，对其感到厌恶。

孟凯旋是一名资深的电话销售员，他做电话销售员已经四年了，在这四年中积累了不少电话销售的经验。令孟凯旋记忆深刻的是他第一次给客户打电话的经历。

孟凯旋的第一位客户姓朱，是广州的一位民营企业家，在当地小有名气。孟凯旋第一次给朱先生打电话时，朱先生的态度不冷不热，甚至有点不待见。当孟凯旋介绍自己是广州一家知名酒店的员工时，朱先生打断说："怎么这么奇怪？这个酒店的一个女员工刚走没几分钟，你怎么又打电话来了？"

孟凯旋连忙问他："那位女士找您做什么？"

朱先生说："来找我签一个长期协议，说是有了这个协议，我们企业的员工去那里吃饭、订餐都有优惠。你是不是也要跟我签什么协议啊？我现在不需要了。"

孟凯旋连酒店的优惠政策还没说，就遭到了朱先生的拒绝。孟凯旋当时很挫败，觉得电话销售果然不容易，但是他又不甘心放弃，所以就补充说："不用签协议那么麻烦，只需一张会员卡，所有问题都不是问题了。"

朱先生听到这里很意外，似乎来了兴趣，就让孟凯旋继续说下去。孟凯旋连忙用非常简洁的语言把酒店可以为客户提供的一切优惠都清楚地说了出来。在介绍过程中，孟凯旋为了显示酒店的档次以及自己的专业素养还用了几个专业术语。

朱先生听完，问："VIP我知道什么意思，你们把我当作非常重要的客人，可以理解。但是A.R.R.是个什么意思？你不要以为弄几个英文就可以糊弄我，我可不是你可以随便糊弄的人。"

孟凯旋一听朱先生可能生气了，赶紧解释："朱先生，我可不敢糊弄您啊。您是我们酒店的贵宾。A.R.R.就是平均房价。您要是办一张会员卡，平均房价肯定比平时低，用餐就更不用说了。您看您希望会员卡写上您的英文名字还是中文名字？"

孟凯旋觉得自己把朱先生说动了，却听到朱先生说："等会儿，你是怎么知道我的电话号码的？是不是那个女员工告诉你的？"

孟凯旋一听愣住了，酒店培训的时候可没有教过这样的问题怎么应对。孟凯旋一想，随意编了一个理由，说："朱先生，您是广州有名的企业家，所以您的个人信息我们早就从合法渠道获得了，而且成为会员以后，您到全国各地出差都能享受到我们连锁酒店的优质服务。您办一张会员卡，可以省好多事。您看您的会员费是现金支付还是其他方式？"

朱先生说："不就2888块钱，我用现金付就好了。"

听到朱先生答应了，孟凯旋差点蹦了起来，毕竟是第一位客户。平静了两秒钟，孟凯旋对朱先生说："朱先生，那您稍等，我马上让工作人员给您办理会员卡，大概半个小时就到了。"

朱先生看了看表，说："那你们快点，我还有其他客户要见。"

接下来一切事情顺理成章，孟凯旋在心惊胆战中完成了第一笔业务。

在这个案例中，孟凯旋虽然表现得不错，但是其中的一个小细节差点令他失败。这个小细节就是，他使用了酒店的专业术语 A.R.R.，尽管是为了提升酒店的档次，但客户不懂是什么意思。如果不是他及时解释，客户朱先生很可能就拒绝了这次会员卡的办理。所以，在电话销售的过程中，一定要注意把一些行业的专业术语转换为普通用语。

避免连续使用封闭式提问：不超过三次

当销售人员与客户交流的时候，封闭式的提问往往被看作"暗雷"，封闭式提问使用恰当，可以帮助电话销售人员快速地让客户参与交谈。但是，如果封闭式提问次数过多，可能引起客户的反感，进而导致尴尬局面的出现或者失去与客户谈话的机会。

通常，封闭式提问最多不要超过三次。三次之后，客户可能表现出不耐烦，这对接下来的沟通十分不利。

崔菁杰是一家英语培训机构的课程顾问，在提出针对性方案之前，她要充分地了解客户的语言背景及一些相关情况。前些天，她接到了一个客户的电话，对方说自己的英语口语太差，想要报一个英语口语课程，但又不知道什么课程适合，于是打来电话咨询。应对这种情况崔菁杰早已驾轻就熟，她先是问道："您肯定是要出国吧。"这半推测的语气之中带着胸有成竹的意味。

“是啊，单位准备把我派去英国工作一段时间，但是我的英语实在不怎么样，可是我又非常珍惜这次去英国工作的机会，所以我想报个英语班恶补一下。”客户甄小姐对崔菁杰说。

崔菁杰问：“甄小姐，那您想选择长期补习班还是短期补习班？”

甄小姐回答：“我大概两个月之后就要出国，就报短期补习班。”

崔菁杰建议她：“那您选择大班教学还是一对一辅导？我们的一对一辅导课程是由我们的高级教师开设的，名额有限。我觉得如果您需要快速提高英语，大班教学不如一对一辅导提高得快。”

甄小姐说：“那我就选一对一辅导，反正也不差这几个钱。”

崔菁杰说：“一对一辅导，有男老师和女老师，您想选择哪个？”

甄小姐有点烦了，说：“怎么这么多问题？报个辅导班还得做那么多选择，不知道我有选择困难症吗？”

崔菁杰说：“呃……甄小姐，这是我们为您特意提供的服务，这样才能真正了解您的需求啊。”

甄小姐好像真的烦了，就说：“我就愿意做一个普通客户，别问我了，你们看着安排吧。但是一定要保证安排优秀的老师，否则我的英语提不上去，时间又白费了，那样我可不愿意。”

崔菁杰摸了摸鼻子，说：“只要您用功学，我们保证您两个月后去英国交流没有问题。”

甄小姐说：“那好吧，我过一会儿把钱转到你给我的账户上。”

在上述案例中，崔菁杰为了引导客户购买一对一辅导课程，用了几个封闭式提问，这样给客户一种感觉，就是自己被牵着鼻子走，最后客户很不高兴。实际上，我们在用电话与客户交流的过程中，应该恰当使用封闭式提问和开放式提问，两者结合，才会让谈话更加顺利地进行下去。

那么封闭式提问和开放式提问各有什么特点呢?

第一，使用开放式提问，可以让客户打开心扉，说出自己的困惑和需求，电话销售人员可以趁机抓住客户的需求，向客户推荐比较合适的产品，增加推销成功的概率。

就像崔菁杰开始引导客户那样，给客户一个机会详细阐述自己的问题，打开双方说话的局面，这非常有利于谈话的深入展开。

第二，使用封闭式提问可以使客户快速做出决断，但要注意的是，如果过度使用封闭式提问会给客户造成压迫感，不能让他们体会到“客户是上帝”的优越感。

小提示

在整个对话过程中要注意提问方式，可以将封闭式提问安插在开头、中间、结尾三个部分，避免头重脚轻等谈话策略上的失误。

通过重复确定问题：“您是说您忘记了密码，对吗?”

通过电话与客户沟通的时候，因为不是面对面交流，所以有时候很多事情需要再三确认，以免误解对方的话，引发争吵等。

客服说：“您好，请问您是郑先生吗?”

郑先生说：“嗯。”

客服说：“现在有件事需要打扰您一下，我是XX移动服务处理热线，您之前打电话反映您的手机短信被多扣费了，对吗?”

郑先生说：“是啊，说起来真不敢相信，你们这么大一个企业，居然会乱收费，你们怎么能干这种事儿呢？我也不是付不起这几毛钱，但是这不是钱的事儿。以前我觉得你们这么大一个企业，信誉肯定有保障，所以我也从来没想着查查电话详单。”

听起来郑先生很气愤，他接着说：“这要不是最近短信费扣得厉害，我还不查呢，不查不知道，一查真把我吓着了。我发一条短信，你们竟然给我重复发，还都发给一个人，这不是搞笑嘛。你们为了赚我们老百姓的钱真是不择手段，也不知道以前多收了我多少钱。你说说，你们要怎么补偿我？”

客服解释：“嗯，郑先生，是这样，您误会了。根据您反映的情况，我们专门查询了相关信息，查明短信确实是您的手机发送给别人的。”

郑先生很惊讶地说：“什么？是我发送的？怎么可能呢？我是发了不少短信，除夕那天我给亲朋好友还有我的客户发了很多祝福短信，但是我记得没有重复发送啊，一条祝福短信重复发给一个人，还不成傻子了。而且，我为了试验对方是收到一条还是三条短信，还向我的另一个手机发送短信，结果就收到一条。”

客服听着郑先生情绪比较激动，安抚道：“郑先生，您先别激动，我没说您发了三条短信，我的意思是您的一条短信分三次发送了。”

郑先生问：“什么？一条短信为什么分三次发？一次一毛，你们一个人多收一毛，全中国那么多人，你们还不富得流油？现在你得好好给我讲明白，否则我就去告你们。”

客服不急不慢地说：“郑先生，您仔细想一想，您发送的那一条祝福短信字数是不是挺多的？”

郑先生说：“我发多少字你们也管？我发的祝福短信也就是转发人家的。”

客服说：“您说得是，快过年了，给亲朋好友拜个年，送一个节日祝福，都是很正常的。”

郑先生说：“你别扯了，赶紧告诉我为什么多扣费。今天你们必须给我一个说法，不能让我这老实人受欺骗，惹恼了我，你们也别指望好过。”

客服说：“郑先生，您说这话就严重了。我们从不乱收客户的钱，您的一条短信收了三毛钱，是因为您发的祝福短信太长了。我们有规定，每条短信可容纳140个字节，也就是说您发的一条短信最多70个字。如果字数超过70个，那么短信就会自动分开来发。您的那条短信一共152个字，所以就分三次发了。”

郑先生辩解：“可是我就发了一条，别人接收的也是一条。”

客服说：“是，是，我知道您只发了一条短信。但是短信字数有规定，所以您的短信才分三次发送的。”

郑先生问：“刚才你说一个短信最多能发多少字？”

客服说：“70个字。如果您下次发短信给别人，控制一下字数，就不会出现这种情况了。”

郑先生力争：“你们什么时候改的这个规定，我怎么不知道？你们改的时候为什么不通知，你们这是侵犯了客户的知情权。”

客服耐心地解释：“郑先生，您误会了，我们的这个规定没改，一直是这个收费标准。可能您以前发的短信没有超过70个字，所以就没有遇到过这种情况。”

郑先生说：“好吧，收了就收了吧，以后我自己注意就是了。”

客服说：“嗯，郑先生还有什么需要为您服务的吗？”

郑先生说：“没有了，谢谢。”

客服说：“祝您生活愉快，再见。”

在与客户电话沟通时，通过重复询问确认问题，可以保证服务不出现差错，不会对客户造成不好的影响。

向客户重复确认问题，是一个电话客服需要掌握的技巧。比如，客户查询电话详单的时候需要提供客服密码，但是有些客户根本不知道客服密码是什么，或者忘记了密码，这时客户打电话寻求帮助，客服可以询问客户："您说忘记了密码，对吗？"通过询问切入客户的问题，然后根据问题给出解决方案，既避免了误解客户所说问题的真正意思，也提高了客服工作的效率。

表达同理心："我理解您的心情，如果是我，我也……"

有的时候，客服通过电话与客户沟通的时候，一些客户很气愤，语速也特别快，令客服没有招架之力。其实，此时向客户表达你对他的同理心是比较好的一种方法，此时的同理心就像双方交流的润滑剂一样，可以让交流不再那么难以进行。

刘媛媛在某快递企业从事客服工作一年，她工作努力认真，已经从一个对快递行业一窍不通的菜鸟成长为一个业务能手。刘媛媛总是以热情负责的态度去对待客户。

一次，一位南京游客在北京玩，快要回程时，买了一些特产带回去，找到该快递企业，准备用快递把特产寄回家。但是，后来派送快递时发现，这位南京游客填写的收件人信息错误，收件人的电话号码写错了，导致派送企业无法派送快递。

刘媛媛接到反馈后，立刻联系发件人，但是发件人的电话一直打不通，而且发件人的地址是那名游客所住的酒店地址。没有办法，快件只能滞留在快递企业。刘媛媛随后几天也时不时地打电话，但是每次电话都无法打通。后来，又有了其他任务，刘媛媛渐渐就把那个电话放在了一边。

一天，一个电话打过来，一位姓邓的女士在电话里十分激动，说自己在北京寄的东西都快二十天了，到现在也没到，想问到底怎么回事。

刘媛媛一听觉得很可能是那位南京游客，说：“邓女士，您现在的心情我能理解。如果我的快递二十天没到，我也着急，但是现在咱们慢慢说情况。”

邓女士说：“好吧，快递这么多天都没到，我就是太着急了，那里面还有邻居托我带的东西，如果丢了，我给人家也不好交代。”

刘媛媛说：“嗯嗯，您说得是。邓女士，那您的包裹是从北京寄往哪里的？”

邓女士说：“从北京寄到南京，我是去北京玩了，在那儿买的特产。”

刘媛媛一听，觉得邓女士应该就是那个电话号码写错的客户，但是为了保证不会出现错误，又问：“邓女士，您当时的发件地址写的哪里？”

邓女士回复：“是当时我住的一个酒店，就在王府井那一带。”

刘媛媛确认了一下，说：“那就是您了，我们前些天一直给您打电话，但是打不通。由于您留的收件人电话有错误，所以我们无法派件。”

邓女士说：“这样啊，我前几天从北京直接去了国外，所以电话可能打不通了。但是，我的收件人电话号码写错了吗？我给你说一遍，你看对吗？”

刘媛媛听了之后，对照了一下，说：“错了一个数字。”

邓女士说：“啊，还真错了啊，真是不好意思，给你们添麻烦了。”

刘媛媛说：“没事，没事，这是我们应该做的。电话已经给您改过来了，快件很快就会给您送过去，您注意查收。”

邓女士说：“谢谢，我会注意查收的。”

在这个案例中，刘媛媛面对急躁的客户，没有被客户问得不知所措，而是首先向客户表达同理心，令客户的焦急情绪慢慢地平复下来。

那么，如何向客户表达同理心呢？表达同理心的时候，应该注意什么呢？

首先，要明白同理心就是让我们站在对方的角度去考虑问题，即将心比心，并且把这种感受传达给对方，让对方知道我们理解他。如果站在客户的立场思考，那么客服回复客户时，就会理解客户的心情，也不会轻易受到客户不良情绪的影响。

其次，判断客户是否需要客服人员表达同理心。如果判定客户需要得到客服人员的肯定，那么客服人员就应该及时地向对方传达自己的感同身受，尽快把客户安抚下来。

最后，表达同理心的原则就是先处理心情，后处理问题，并且在表达的时候要表现出热情和坚定的态度。如果客户非常着急，表达的时候不注意语气，客服人员因为客户的语气而觉得受到了伤害，转而反击客户，那么一定会使问题更加难处理。

小提示

当客户情绪失落、低迷的时候，客服千万不要沉默，要积极地表达理解与同情，劝慰对方走出阴霾，适当时还可表明自己也有相同的经历。

寒暄赞美：恰如其分，言语自然，适当适度

销售员在与客户沟通的时候，学会赞美对方可以给客户留下好印象，也会增加销售成功的概率。但是赞美对方的时候不要过度，过分的赞美会显得远离实际，很可能弄巧成拙。

舒娜娜是北京一家企业的电话销售代表，主要负责新款手机的销售。有一次，她从朋友那里得到了一家企业董事长的电话号码，并且知

道这位董事长姓梁，今年 58 岁。舒娜娜虽然自认为拥有销售能力，但是最近一个月竟然一部电话都没有卖出去，这让她很沮丧。所以她鼓起勇气，拨通了这位董事长的电话。

舒娜娜："您好，请问是梁先生吗？"

梁先生："我就是，请问你是哪位？"

舒娜娜："我叫舒娜娜，您叫我小舒就可以了。"

梁先生："你有什么事吗？"

舒娜娜："梁先生，我有个问题想向您请教一下？"

梁先生："什么问题？你说。"

舒娜娜："我们都知道，手机已经成为生活中不可缺少的一部分，但是手机有辐射，您对这个问题怎么看待呢？"

梁先生："你是什么意思，为什么无端问我这个问题？再说现在我有事，没有时间回答你这个问题。"

舒娜娜："没事，没事，听梁先生说话，您以前是播音员吗？"

梁先生："你为什么这样说？我根本没有做过任何和播音相关的工作。"

舒娜娜："我听您说话有一种十分舒服的感觉，就像听播音员说话一样，声音听起来很有磁性，而且发音还非常标准。"

梁先生："哈哈！你还挺会说话的嘛。"

舒娜娜："不，我是实话实说。听着声音，您应该还没有 40 岁吧？"

梁先生："你说什么？我都快 60 了，如果现在真是 40 岁就好了。"

舒娜娜："您快 60 了，我真不敢相信，您的声音听起来真的很年轻。"

梁先生："我怎么会骗你，我真的快 60 了。对了，刚才你想问我什么来着？"

舒娜娜："梁先生，跟您直说吧，我是从身体健康的角度出发，想向您推荐一款没有辐射的手机。”

梁先生：“现在没有辐射的手机都出现了？我还真不知道，你详细给我说说。”

舒娜娜给梁先生详细介绍了无辐射手机的好处以及使用方法，梁先生听了以后觉得这款手机非常适合自己，不仅给自己买了一部手机，而且还给老伴儿买了一部。

舒娜娜用热情真诚的赞美成功推销了两部手机，由此可见，销售人员学会赞美客户是十分重要的。那么在赞美客户时应该注意哪些事项呢？

1. 赞美客户时应适当具体

有的赞美之词听起来令人生厌，有的却可以帮助销售工作顺利开展。要想客户接受赞美，赞美之词应该是明确具体的，不能说一些假大空的话语。因为只有具体到实处的赞美才有说服力，才会让客户觉得你比较真挚、可靠，进而拉近你与客户之间的距离。

2. 赞美要适可而止

赞美并不是越多越好，所以赞美客户的时候应该把握好赞美的度，学会适可而止。赞美太多，一是会让客户觉得你有奉承阿谀之嫌，可能对你产生反感；二是过多的赞美之词会让人觉得你不真诚、太浮夸。所以，销售人员赞美客户的时候，一定要把握赞美的分寸，适可而止。

3. 赞美要因人而异

赞美的时候要夸得具体，夸得客户心情愉悦，那么赞美就一定要因人而异。

就像案例中的梁先生，老年人一般希望自己再年轻点儿就好了，舒娜娜抓住梁先生的心理，很快推销出了手机。又如，女性一般都爱美，恰到好处的称赞会让对方十分高兴，对女客户就可以赞美她的身材、面容、穿着等。

4. 含蓄的赞美效果可能更好

不管是含蓄的赞美，还是直接赞美对方，目的都是使对方愉悦。有时候，含蓄的赞美会让人心里更舒服，有一种隐秘的喜悦。

小提示

案例中的舒娜娜，她没有直接说梁先生很年轻，而是通过赞美梁先生的声音有磁性，听着好像播音员来间接夸赞梁先生。

使用间接否定：从另一个角度消除客户的疑虑

不论是通过电话销售还是其他渠道的销售，有些客户会提出一些并无实际意义的理由来阻断交易的进行，这时候，销售员不应该退缩，应该积极主动地使用间接否定的方法消除客户的异议。

张端正是一家成品油公司的销售员，一天他接到了一位客户的电话。

李立："你好，我想咨询一下现在的油价。"

张端正："现在油价比前两天涨了三毛。"

李立："啊？油又涨价了，真是的，怎么总是涨价啊？"

张端正："是啊，每升涨了三毛钱。据说，今年成品油的原料收成不好，所以，估计油价在接下来的几个月会持续涨。您要是有买油的打算，现在最好多买几桶油存着，还可以省点钱。"

李立："是啊，你说得有道理，现在不买，以后买更贵。那好，我把我家地址给你，你给我送五桶成品油，要那种大桶的。"

张端正："您这样做是明智的，我现在就安排人手把油给您送过去。"

这个案例中，客户先是因为产品涨价有点犹豫，但是张端正却从另一个角度打消了客户的疑虑，从而达成交易。

还有一些客户，面对你的推销根本没有丝毫想要购买的欲望，但是通过间接否定的方法，销售员就有可能挽回客户。

例如，在电话销售的时候，销售员介绍了来意，但是客户仍然说："嗯，你说的产品听起来确实很好，但是目前我用不着这种东西。"

此时，一般没有经验的销售员会不知道怎样应对，直接结果就是被客户挂断电话。但是经验比较丰富的销售员会分析客户的需求，认为客户提出的理由不足以拒绝该产品。但是既然客户这样拒绝了，销售员不能直接反驳客户，可以说："对啊，很多人认为自己并不需要这种产品，但是当他真正了解了这个产品的功效以后，就可能改变对这个产品的看法。事实上您也……"

还有一种情况就是客服人员在接到客户的质问以后，不能马上给客户解决方案，这时候也可以使用间接回复的方法，比如，客服可以对客户说"等结果出来之后会第一时间通知您"，而不能说"我也不知道，你下次再来问吧"或者"这种情况不归我们管，你去找别人吧"等推诿的话语。

我们采用"以子之矛，攻子之盾"的方法解决客户的异议，解决异议可为客户带来利益，也为我们自己挣得业绩。

使用间接否定的时候，应该注意以下四点。

第一，使用间接否定，意味着不能直接否定客户的提议，要为接下来的谈话创造一个和谐的氛围，而不是充满了火药味。接下来，用来说服客户的理由一定要有理有据，让客户能够认可，否则客户会根据你的话提出更多异议，这样谈话就进行不下去了。

不能故意回避客户提出的意见，如果故意回避，客户会觉得你办事说话不靠谱，就更不愿意继续接下来的谈话。

第二，这种间接否定的方法先要肯定客户的异议，肯定代表尊重客户，重视客户的意见。否定的时候要注意说话方式，态度尽可能温和，这样容易让客户在思想上和情感上接受。如果说话态度强硬，指责客户要求无理，即使你说得再有理有据，客户也不会接受你的产品。

第三，如果客户愿意继续交谈，那么就应该注意接下来向客户转移推销重点。因为先前为客户提供的信息，客户已经提出否定意见，接下来应该转换推销方向，重新把握客户心理，然后提供足够的新信息让客户认同。否则，一味地推销原来的卖点，还是徒劳无功的。

第四，运用间接否定法时，销售人员在遣词方面也应该注意，尽量用委婉的方式表达，或者换一种角度陈述。另外，尽量减少“但是”一词的使用次数，当然说话的意思可以包含“但是”的意思，这样有利于良好谈话氛围的营造。

细化解决方案：“您可以选择退货、退款或者换货”

有时候为了安抚客户情绪，卖家需要提供一些细化方案打破买卖双方的僵局。如果卖家不肯做出让步，或者对客户的诉求不理不睬，很有可能引起客户对卖家的不满甚至投诉。

李女士2022年的“双十一”，在网上一家服装旗舰店一次购买了五件衣服，按理说这五件衣服应该就一个快递单号。但是卖家不知道为什么，把五件衣服拆分为五个包裹依次发出。

卖家这样的做法，李女士并不知情，一直以为自己只有一个包裹。李女士收到第一件衣服之后，另外四件衣服的物流信息无法查询。又由于“双十一”期间物流速度比平常慢了不少，所以李女士十分着急。

询问商家，李女士被告知衣服一定会送到。

可是快一个月了，李女士的最后一件衣服仍然没有送来，她向那家旗舰店发消息，希望得知那件衣服的运输状态。

可是李女士没有得到回应，连续三天，那家服装旗舰店的客服都没有回应。后来，李女士给客服留言，如果他们再不解决问题，她就要向有关部门投诉。过了30分钟，那边客服给予回应，说那个款式的衣服缺货，现在还没有发货。

李女士看了客服的回复之后，觉得自己被欺骗了，就说："那件衣服没货，我就不要了，你们把钱退给我。"

客服回复："那衣服的订单已经自动确认收货了，现在退钱我做不了主，我需要请示上级。"

李女士说："可以，明天这个时候，你们就要把钱退回到我的账户，否则我就去投诉你们。"

后来客服又说那个款式的衣服过两天就有货了，希望李女士再等两天。但是李女士不愿意，表示必须退钱给她。

客服却说："'双十一'期间物流本来就慢，何况当时我们网站的主页面上写着有的衣服是订购，先付钱，后发货，这件衣服就属于订购款，当时您既然购买了这件衣服，就说明您认同这件衣服的购买规则了，现在我们不能退钱。"

李女士觉得自己哑巴吃黄连，已经自动收货了，衣服还没收到，就不得不妥协了，但是她对这家网店失望透顶。

没想到，晚上大概8点的时候，有人给她打电话，自称是那家服装旗舰店的老板。由于这几天有事，没能及时了解情况，给李女士造成了困扰，说是愿意为李女士退款。但是他又说这款衣服的价格是"双十一"优惠活动的价格，而且衣服做工特别好，质量十分有保证。如果李女士退了这件衣服，以后的价格就是原价了，比现在的价格贵一倍，所以请李女士再考虑考虑。

李女士问：“你们现在耽误了我的时间并浪费了我的精力，有什么情况也不提前通知，应该怎么办？”

那家老板表示“双十一”期间实在太忙，但是他愿意送李女士一些小礼物做补偿，而且以后再来购物，给李女士打八折优惠。

李女士权衡了一下，接受了老板的条件，继续等待那件衣服。

如果不是旗舰店老板的细化方案，这家店失去的不仅是一位客户，更严重的是丢掉了信誉。试想，如果李女士几经周折，衣服没买上，还气得不得了，那么评论的时候，她会为这家店说好话吗？她肯定会把这家店的不良行为公之于众，那么这条评论肯定会影响其他欲购买这家店衣服的客户。

所以，解决客户问题时，企业或店家应该积极采取措施，提出细化解决方案。

第4章

客情管理：联系、优惠必不可少

优秀的销售人员会利用尽可能多的机会与客户交流，关怀客户。只有让客户感受到销售人员的真诚与热心，客户才会尊重销售人员，相信销售人员，才会与销售人员继续合作。

建立客户档案：基础资料、交易信息

提升销售业绩，不仅需要不断地开拓新客户，而且需要维护老客户。双管齐下，销售业绩才会不断增长。为了不流失老客户，必须采取一些相应的措施。建立客户档案就是这些举措的第一步。

段丽娜是一家服装店的老板，她在大学学的就是工商管理，毕业后家里筹钱给她开了这家服装店。段丽娜能说会道，很快就能把衣服卖出去，但是服装店的生意一直不温不火，每个月的营业额也就一万五左右。除了支付员工的工资和水电费等杂七杂八的费用，盈利也就没有多少了。

段丽娜想了很多促销办法，但是收效不大。

一天，段丽娜的朋友徐海周过来看她，朋友在苏州开了一间服装店，所以段丽娜就向她请教经验。朋友说："我看你店里来了不少人，都是新客户，对吧？"

段丽娜说："是啊，怎么了？"

徐海周说："那你为什么不把这些客户的基本信息留下来，或者劝他们办个会员卡，购物有优惠，这样就增加了回头客"

段丽娜眼前一亮，说："对啊，我怎么就没有想到，看来我这大学是白上了。"

徐海周哈哈笑了起来，说："咱们要把学的理论和实际结合起来，你是一点就透，相信以后生意肯定红红火火。"

建立客户档案可以帮助企业扩展销售渠道，挖掘潜在客户，还能提高客户对企业的满意度并增强企业的盈利能力。

建立客户档案需要了解建立档案的两点注意事项。

第一，建立档案是为了帮助企业了解客户，档案信息越详细，越有助于企业为每位客户制订一对一的销售策略，这样才有利于销售工作的开展。对于企业的大客户，比如客户是一个企业或者一家餐厅等，建立档案的时候除了了解一些基本信息之外，还应该把客户的经营范围和特色、在其领域内的行业地位和影响力、客户的资金状况、在商业圈的信誉以及与本企业是否有合作意向等方面考虑进来。总之，客户的档案信息越详细越好，这就要求建档人员认真收集汇总客户信息。

第二，要保证客户档案的信息是准确的，否则这些信息不但对销售没有帮助，还会影响销售业绩。所以，建立档案的时候，客户的一些深层次信息，业务人员需要仔细深入调查，切不可胡编乱造，应付了事。

那么建立客户档案应该从何处着手呢?

不同的企业收集客户资料的时候侧重点可能有所不同，但基本客户信息通常包括以下三个方面。

一是客户的基础信息。包括客户的姓名、性别、年龄、电话号码、家庭地址等，这些是企业建立客户档案时需要的基础信息。企业以后对客户的管理就是以这些基础资料为起点的。客户的这些资料，需要销售人员通过各种渠道获取，比如让客户办理会员卡或者访问客户等。

二是有的大企业为了了解每个地区客户的消费能力，以及该地区消费者的消费偏好，还会收集该地区的文化习俗。把这些相关信息录入档案，有助于把握整个地区的消费情况，企业可根据具体情况调整销售模式和销售技巧。

三是建立客户档案时，需要把客户的交易情况考虑进去，因为只有知道了客户最近的交易情况，才能及时关注客户反馈的一些问题，企业也能及时邀请老客户参加某些活动。客户的交易情况包括客户交易时存在的一些突出问题、客户未来的购买能力，以及客户的财务状况和信用记录等。

建立了客户档案，就不可让档案束之高阁，要定期管理档案，管理原则如下所述。

第一，随时更新客户档案。换一种说法就是动态管理客户的资料。包括随时更新客户资料，对客户的档案进行分类管理（客户可分为普通客户、重要客户和特殊客户）等。

第二，管理两端客户。管理客户档案时，有一个原则就是要特别关注重要客户和最差客户，这样做可让企业规避风险、提高收益。

第三，灵活运用、提高效率。客户档案有时候会记录一些客户对某些产品的需要和偏爱，这样客户的档案就成为推销人员的参考资料，灵活应用这些资料会极大地提高销售成功的概率。

第四，客户资料保管需加强。保护好客户资料是非常重要的。如果客户信息流露出去，客户就有可能被竞争对手拉走，所以一定要保管好客户信息。

一周内进行使用情况的调研

有的商家认为只要产品卖出去了，就与自己没有关系了，实际上这样的想法是不正确的。因为一件产品卖出去了，可还有很多产品没有卖出去，需要更多的客户光临。那么，留住回头客岂不是比寻找新客源更容易？所以，商家必须对客户负责，可以在客户购买产品后的一周内对产品的使用情况进行调研。

客户一开始愿意在店里买东西的原因有很多，可能是好朋友推荐，可能是觉得这家店的产品正好有他需要的，还有可能是店里的产品物美价廉，也有可能来这个店购买产品仅仅是偶然。

无论客户购物的原因是什么，商家都卖出了产品，收获了客户。为了让客户继续在这里购物，商家就要想办法让其成为自己的忠实客户。

杜洪琳是一家美容店的咨询师，她在店里的业绩可以说是数一数二的，因为杜洪琳不仅专业素质过关，而且拥有很强的职业道德。她不像有的咨询师眼里看的都是钱，整天想着怎么哄骗客户消费，她总是为客户着想，因为她知道只有这样，才会拥有更好的职业发展。

杜洪琳经过系统的专业培训，懂得一定要在平时经营好与客户的关系，临时抱佛脚是咨询师的大忌。五天前，一位名为张晓丽的客户在美容店里做了假体隆鼻。杜洪琳算了算时间，决定给那位客户打电话做一周回访。

张晓丽是一位全职太太，先生是一家房地产的老总，他们有一个儿子，今年6岁了。张晓丽上午一般会送孩子上学、打扫卫生，下午就是练练瑜伽，和朋友打打麻将。

咨询师杜洪琳："丽姐，上午好。我是美容院的小杜啊，好几天没见你了，我都想你了。"(杜洪琳先从称呼和用语上和客户拉近关系)

客户张晓丽："啊，小杜啊，你好，我也想你了。"（客户的情绪可能跟你的热情有关）

杜洪琳："丽姐，还忙吗？你家毛毛去上学了吧。上次胳膊磕着了，现在好了吗？"

张晓丽："不忙了，刚刚把孩子送去上学，家里卫生也搞完了。毛毛的胳膊没事了，前天就好了，多谢你挂念啊。你今天上班吧？"

杜洪琳："嗯嗯，今天我上班，明天周六了，准备去香山玩。今天一上班，就想着给您打电话，惦记您鼻子的恢复情况。鼻子现在怎么样？丽姐有没有觉得哪里不舒服？"

张晓丽："鼻子恢复得倒是挺好的，但是，今天我照镜子，怎么感觉我的鼻子看着有点不自然，感觉有点歪，虽然不是很明显，但是仔细看的话，还是能看出来的。这是怎么回事呢？"

杜洪琳："是吗？实际上刚做完鼻子，自己总会时不时地盯着看，所以您觉得鼻子看起来不自然。以前很多客户也有这种感觉，后来她们恢复得都很好。"

张晓丽："小杜，这是真的吗？你可不要哄我。"

杜洪琳："丽姐，真的，我不骗您。如果您实在觉得不舒服，可以抽空来店里一下，我请医生再给您检查一下。您看，这样可以不？"

张晓丽："你说得有道理，但是我心里还是不踏实。"

杜洪琳："那没事，丽姐你下次过来，我请医生免费为您调整。鼻子一定没问题的，完全恢复了以后，肯定漂亮。"

张晓丽："嗯，好的，真是谢谢你，还一直想着我。"

杜洪琳："丽姐，说这话就见外了，我第一次见您，就觉得您特别有亲和力，特别喜欢跟您聊天。"

张晓丽："小杜啊，看你把我夸得，我哪有那么好？"

杜洪琳："丽姐，我可是真心的哦。丽姐，这边来了一位客人，您有什么问题再给我打电话，随时都可以。"

张晓丽："嗯，好的，再见。"

在这个案例中，咨询师杜洪琳及时地对客户的恢复情况做回访，这既体现了美容院对客户的重视，又提升了客户对美容院的好感。对美容院来说，这不仅是赢得客户好评的机会，更是为客户的二次消费做准备。客户只有第一次消费满意，才可能有第二次消费。

小提示

一周内对客户进行回访，调研客户使用产品的情况，对企业来说是一举两得的好事情，应该引起企业的重视。

定期发送新品信息、生活资讯

现在很多企业为了更好的发展，都会不断地推出新产品。自然，新产品的效能如何，新产品比以往的产品好在哪里，都必须让大家知道。其中一种推广方式就是向老客户发送新产品的相关信息。同时，为了维护老客户，还可以定期给老客户推送生活资讯。

余敏杰是一家品牌童装的营业员。正值六一儿童节之际，品牌童装推出了一系列新款童装。为了增加销售量，店长要求营业员向自己熟悉的老客户发送这一批新款童装的图片。

余敏杰不仅向店里的老客户发送了新款童装的图片，而且还邀请客户来店试穿。

余敏杰想邀请的第一位老客户是宋女士。宋女士今年39岁，有两个孩子，女儿今年13岁，儿子6岁。她经常带孩子来这家童装店买衣服。所以，余敏杰认为宋女士购买新款童装的可能性比较大，但宋女士是一位作家，平常除了照顾孩子，其余时间都在写作，根本不怎么上网，余敏杰决定打电话邀请宋女士。

宋女士："你好，请问你是？"

余敏杰："宋姐，您好，我是步行街品牌童装店的敏杰啊。"

宋女士："哦，敏杰啊，怎么了，找我有事？"

余敏杰："没什么事，就是想问问婷婷前些天买的那件短裙穿着怎么样？还有小博的那件卡其色外套穿着合适不？孩子喜欢吗？"

宋女士："嗯，婷婷的那件带碎花的裙子穿着挺好看的，她姥姥见了也夸好看呢。"

余敏杰："确实，小姑娘穿带碎花的裙子就是好看。今年还特别流行小碎花呢。"

宋女士："就是就是，婷婷说她的同班同学好多都穿这样的款式。"

余敏杰："那小博的外套怎么样，我看小博穿上更帅了。"

宋女士："哈哈，小博那小子，别看年龄不大，就爱讲究，当时买的时候特别喜欢那件卡其色外套，现在倒好，还没多少天就不想穿了。"

余敏杰："小孩子嘛，就喜欢穿新衣服，再说您家小博也是长得快，现在是不是有点小了？"

宋女士："对啊，小博就是比其他孩子长得快，那件衣服当时穿上正好，现在是有点小了，我正打算再给他买一件。"

余敏杰："那正好，六一儿童节我们店里正在搞优惠活动，而且进了一批新款童装，买二送一。"

宋女士："啊，这样啊，那我过两天去看看。"

余敏杰："宋姐，明天正好星期六，不妨带着婷婷和小博来这边看看。"

宋女士："那也行，不过刚来的新款童装会不会很贵啊？我觉得现在小孩子长得快，买了衣服穿不了多长时间就穿不了了，买太贵的也没必要。"

余敏杰："宋姐，这批新款童装是我们老板从一个朋友那里进货的，质量绝对没问题，款式也很潮流，价格比以前的童装稍微贵了点。但是，宋姐，您是我们的老客户了，我可以跟老板说说，您不仅享受'买二送一'的优惠活动，还可以按员工购买的内部价购买，可能还比以前便宜。"

宋女士："哈哈，那行，明天我带着他俩去看看。如果衣服质量好，就再给婷婷买两件。小姑娘爱美。"

余敏杰："行啊，宋姐，您来了直接找我就行，我给婷婷和小博推荐几身衣服，保管他俩满意。"

宋女士："好好好，那就这么说定了，谢谢你，敏杰。"

余敏杰："宋姐，别客气，这都是我应该做的。"

宋女士："那好，明天见。"

余敏杰："宋姐，明天见。"

不论是给客户发送新产品的信息，还是定期推送生活资讯，都是为了保持和客户的联系，稳定企业的客源。企业有了新产品，对业务员来说，这是和客户联系的好机会，这时与客户联系就有了可以交流的话题。

那么，为了经营好与客户的关系，维护好客情，业务员应该如何发送新产品信息，并邀请客户来店进行第二次或者第三次消费呢？

第一，新产品上市以后，及时向客户推送消息，特别是那种经常消费的老客户，一定要想办法通知到，因为新品比较容易吸引客户，引起客户购买的兴趣。

第二，在向客户发送消息的同时，也要通过其他方法积极地向客户推荐新产品。推荐新产品的时候，避免单刀直入，直接介绍新品，因为这样很可能让老客户觉得他以前买的产品不划算。所以，推荐新产品的时候，可以先问老客户以前产品的使用情况，然后再逐渐引出新产品的话题。

小提示

在与客户聊天的过程中，如果客户主动说出需求，业务员可以趁机向他介绍新产品的一些特点和相关的优惠活动。如果客户没有主动提出来，那么在向客户推荐的时候要注意新产品的价格和新功能的介绍，最好的就是站在客户的角度，避免老客户产生反感情绪。

邀请老客户优先享受新品试用等优惠活动

销售行业有一条黄金法则，就是开发十个新客户不如维护一个老客户。为什么老客户这么重要呢？如果把老客户比作一口井，那么这口井若利用得当，就可能有源源不断的订单涌来，进而为商家创造更多的利益和价值。

深圳的一家网络企业，为了给全国中小企业提供最新、最优质的需求信息，特意创办了一个订单营销平台。该平台不仅提供信息服务，而且定期向有关企业普及最新的网络营销知识，希望全国的中小企业能够在网络平台的帮助下，快速提升实力。

深圳这家网络企业自从创办以来就受到了不少关注，特别是它的“一站式”服务得到了客户的广泛好评。一是为了促进企业更好发展，扩大平台的影响力，为企业赢得良好口碑；二是为了感恩回馈企业的老客户，增加企业客户的忠诚度，这家网络企业特意举办了一个感恩老客户的优惠活动。

客户服务部经理张艺馨接到上级通知，企业规定使用企业网络平台一年以上（含一年）的客户为老客户，活动时间为2019年11月到12月。在活动开始前两个星期，张艺馨要求客服人员在企业的客户群里发通知，并在通知里注上客服部的电话，以便客户有问题可以随时咨询。

活动开始前一个星期，客户服务部开始在网站发公告，注明了客服部的电话，还向客户发传单，以便通知到每位老客户。

活动开始前两天，张艺馨接到客户余先生的咨询。

余先生：“你好，对于你们的感恩老客户活动，我有一些问题想问。”

张艺馨：“您说。”

余先生：“你们的活动只针对老客户吗？”

张艺馨：“是的，这个活动是我们企业为回馈老客户专门举办的。”

余先生：“那我与你们企业合作11个月了，算不算老客户啊？”

张艺馨想，余先生按道理也算老客户了，但是这种情况，早晨开会的时候老板也没特别说的，如果擅自做主，到时企业不让余先生参加优惠活动，那该怎么办？前后思量了一会儿她说：“先生，我们企业规定是满一年的客户才可以参加，但是具体情况我需要请示一下领导才能给您答复。要不您先稍等一下，我一知道答案，就给您回复。”

余先生说："可以，那你快一点，我就在这里等你的电话。"

一会儿，张艺馨从老板那里得知，余先生可以参加活动，她就打电话告诉了余先生。同时，她告诉余先生，如果他为明年的合作提前在账户充值1000元，企业可以为他提供两个月的免费服务，他还可以免费体验企业新研发的小程序，这个小程序可以让客户的网络运营速度更快，帮助客户更快获得信息。如果余先生愿意在账户提前充值2000元，就可以提前享受企业为老客户提供的优质管家服务，保证客户不会错过一条有用的需求信息。另外，老客户还可以体验网络专家的免费指导，为客户的生意指点迷津，让客户的生意越来越好。

余先生后来问张艺馨，"你们企业给老客户提供这么多优惠，难道不怕赔本，你们为什么这样做？"

张艺馨告诉他，"企业这么做，一来感谢老客户对企业的关注，借此活动回馈客户；二来就是稳定客源，表明我们会继续努力，为客户提供更加优质的服务，为我们企业塑造一个良好的品牌形象，也为提高企业的影响力，进而通过这些赢得更多新客户。"

邀请老客户优先试用新产品，既感谢了老客户对企业多年来的支持，也让客户有一个使用新产品的适应过程。如果新产品在老客户那里得到了好评，那么肯定能带来更多的客户，这个活动可以说是双方得益。所以，企业应该重视对老客户的感恩回馈活动。

每逢节日给客户送上贺卡和礼品

企业想要得到发展，就需要注意留住客户。为了维护老客户，在节日的时候或者客户生日的时候，为客户送上贺卡或礼品是一个比较可行的办法。很多VIP客户是企业寻找潜在客源的重要途径。

送礼品或者贺卡，可以让老客户感受到企业对他们的关怀。

郑宇的妻子万素梅经营一家网店，一开始郑宇不太赞成妻子开网店，觉得自己的工资足够养家了。但是万素梅觉得自己除了在家照顾宝宝，没有其他事情可做，很无聊。郑宇拗不过妻子，就随她了。

开始网店的生意不怎么好，郑宇也没有太在意，本来也就没指望妻子开网店能够挣多少钱，权当打发日子了。

两个多月过去了，郑宇发现妻子越来越忙，赚的钱是前两个月的两倍。郑宇觉得很奇怪，为什么网店的生意突然好了呢？

一天，他下班回家，看到妻子正在写贺卡，便问："老婆，你写贺卡干什么？给谁写的啊？"万素梅头都没抬，一边写一边说："给客户的啊，每个在咱们店里买东西的人都有，而且根据买的商品不同，我会送上不同的祝福语。"

郑宇笑着说："原来这就是网店最近生意变好的原因啊。"

万素梅说："当然不仅这个原因了，这只是为咱的商品添彩，代表咱们的心意，商品的质量好、价格公道才是生意好的根源。"

郑宇惊奇地看着妻子，说："哟，我家梅梅还真有经商头脑。"

万素梅低着头继续写，说："那当然啦！"

在这个案例中，万素梅虽然知道网店很难像实体店那样拥有特别固定的老客户，但是她知道通过赠送卡片给客户，可以提醒客户想起自己的网店，那么就有可能拉住一个回头客。她还准备让来店的客户加一个群，以便向客户推送商品，说不定哪一个客户就看上了某种商品，这也是她计划留住客源的一个方法。

送客户卡片和祝福语的成本不高，效果却相当明显，那么在送客户祝福卡片的时候应该注意哪些事项呢？

1. 用心书写

既然想让客户感受到商家的真诚，商家就要用心书写贺卡。写的时候应该认真，不能因为客户多、时间紧急，就随便写写，这样客户不仅感受不到商家的诚意，反而会觉得商家没有认真对待客户。

还要注意：不要写错别字，祝福卡或者贺卡上最好不要有污渍。

2. 注明对方的名字和落款

有些商家在给客户写祝福卡的时候，为了省事，提前找人写了很多，发货时直接附上就算完事。但是，如果在贺卡上写上客户的名字，那么客户的感觉是不是会更好，专门写给某一人的贺卡，会不会让客户感受到商家诚意十足呢？写上落款也很重要，相当于再次向客户强调商家的信息。

3. 表达感情要真挚

在给客户写祝福语的时候，更要注意贺卡的内容，内容最好能表现出商家对客户的关怀或者期望他再次光临的愿望。同时，内容最好活泼一点，不要是老一套的问候语，这种内容无法触动客户心里的那根弦。

4. 祝福卡的内容应简练

祝福卡的内容不能过长，如果写得过长，客户很可能瞟一眼就放在一边了。内容应该简练、生动，充满感情色彩。

5. 书写要美观

祝福卡一般不会太大，书写时应该把内容写在贺卡的中间位置，令祝福卡整体有美感。

6. 检查祝福卡片

写完卡片上的祝福语以后，最好检查卡片上的内容是否有错误，谨慎无大错。向客户表达诚意，力求客户看到祝福卡片时可以会心一笑，那样送卡片的目的就达到了。这样，客户下次购买此类商品的时候，第一个想到的就是那家让他开心一笑的店。

邀请重要客户参加企业联欢活动

商家针对客户的优惠活动，主要就是为了留住客户，增加客户对商家的忠诚度。邀请客户，特别是邀请一些对商家很重要的客户参加企业的联欢活动，有助于维护老客户，也十分有利于企业借此机会向重要客户宣传企业未来的发展规划，扩大企业的品牌影响力。

上海某银行，在元旦来临之际，准备举办一场大型的联欢活动，邀请银行的一些重要客户来参加。一方面，提供机会让客户对银行的各种理财产品有更多的认识；另一方面，客户之间可以相互交流，银行职员也可以和客户多沟通，加深感情，有助于以后工作的开展。银行有关部门为了保证活动顺利圆满举办，做出了具体的策划。

首先，从银行的所有客户中筛选出符合条件的重要客户。重要客户可以分为几类：一是在此银行有50万元以上（含50万元）存款的客户；二是有大量活期存款且不动用的客户；三是以前向其介绍理财产品或者其他业务时没有反感但因为工作太忙没有落实的客户。除了这三类客户外，还需要注意以下三类客户：一是参加过其他类似活动但未购买产品的客户不需要邀请，这样的客户会给银行的产品以及形象造成不好的影响；二是官太太和公务员也不要邀请，这类客户身份比较敏感，就算邀请，他们也不会来参加；三是同一个企业的同事最好也不要邀请，因为有的人忌讳别人知道他有多少钱财。

然后，打电话邀请客户。因为并非企业发出邀请函或者短信，客户就会来参加活动。为了保证筛选出来的客户都能来参加，就需要打电话邀请。打电话的时候要注意技巧。

江楚林："您好，请问是赵先生吗？"

赵先生："我是，有什么事？"

江楚林："我是××银行的柜员江楚林，您叫我小江吧，我们上星期在银行见过，我为您办理过业务，您还记得吗？"

赵先生："不记得，我这天天太忙。你找我有什么事吗？"

江楚林："最近我们银行要举办一个联欢活动，邀请您参加。"

赵先生："我没空，太忙了。"

江楚林一愣，这第一个客户就要拒绝，连忙说："赵先生，感谢您对我们业务的大力支持，多亏您的支持，我们才有这次联欢活动，所以真的希望您可以参加，届时我们不仅有精美礼品相送，还会有理财专家现场解答问题。"

赵先生想了想，问："真的？"

江楚林："是真的，赵先生您去了一定不会后悔的。那您看，我把请柬给您送到单位呢，还是送家里？"

赵先生："送家里吧。"

江楚林："好的，非常感谢您。感谢您对我们银行工作的大力支持。"

电话邀约时候除了讲究说话技巧外，还要事先了解该客户的喜好，是喜欢礼品，还是需要理财专家的指导，或者喜欢在联欢会上结交朋友，知道了客户的喜好，邀请客户时可以特别强调。

客户来到联欢会现场，一定要热情接待，不能因为客户多就怠慢某一位。因为客户觉得你邀请他过来，他就应该得到贵宾的待遇，所以要周到热情地招待，不给客户产生不好情绪的机会。

这个活动的主题就是让客户能够更加集中、全面地了解银行的各种产品，进而最大可能地与客户达成合作。

企业邀请重要客户参加企业的联欢活动，可以让客户了解企业的庞大客户群，更加确定自己选择这个企业的产品或与这个企业合作没有错，由此增加客户继续与本企业合作的可能，而且，企业还可以趁此机会向广大重要客户介绍企业的新产品和企业文化。

小提示

总的来说，邀请客户参加企业的联欢活动时需要注意以下三个步骤：

第一，筛选客户，选出符合条件的重要客户；

第二，打电话邀约前，尽量掌握客户的喜好，争取邀请成功；

第三，邀请客户时需要特别注意讲话的艺术。

得知客户生病，主动慰问

为了能够销售更多的产品，使企业的销售业绩能够步步攀升，销售员需要采取多种关怀方式客户，可以过节时发一个祝福短信，也可以在客户生日的时候送个礼物，但是雪中送炭尤其可贵，比如，客户生病的时候，能够主动慰问。

2019 年 12 月，徐敏涛与姚丽云夫妇准备买一辆车，他们约好在一个周末去看车。

接待徐敏涛和姚丽云夫妇的是拥有多年汽车销售经验的胡倩倩。胡倩倩带着他们来到展厅，为他们详细介绍展厅内每辆车的信息，尽量让客户找到适合自己的车。

在介绍过程中，胡倩倩发现徐先生比较喜欢君越，稳重中透着大气，然而姚女士喜欢比较时尚的新君威，因为新君威运动感十足。两人都想买自己喜欢的车型。胡倩倩根据经验知道，他们越争执，买车的可能性就越大。

在与他们的交谈中，胡倩倩发现平常开车的是徐先生，因为徐先生在周边做物流生意。所以，胡倩倩暗暗决定给他们推荐的时候要更注意徐先生的消费倾向。

徐先生和姚女士第二次来展厅的时候是第二个周末，在与客户交谈的过程中，胡倩倩了解到他们做生意的时候需要很多周转资金，于是向他们详细介绍了这一车型的好处，比如安装GPS可以免交三年盗抢险。果然，徐先生一听很感兴趣，有了想买的意愿。胡倩倩也希望他们赶紧定下来，这样自己这个月就又多了一笔业绩。但毕竟是价值二十多万元的车，所以他们决定回家再考虑一下。

胡倩倩还想着徐先生他们应该很快就回来买车，但是等到了第三个周末，他们也没有来。“难道是他们变卦了，不想买了？”胡倩倩想。她决定打个电话问问，没想到徐先生得了急性阑尾炎，住院了。胡倩倩立刻向经理请了假，买了礼物看望徐先生。

胡倩倩：“徐先生，您现在觉得身体怎么样？”

徐先生：“还好，不算严重，就当时挺疼的。不过，小胡，你怎么来了？”

胡倩倩：“我是不知道您生病了，我要知道早来了。您不仅是我的客户，还是我的朋友，朋友生病了，我怎么能不来？”

徐先生笑着说：“是，不过我近期可能就不去买车了，买车本来就是我开，现在我一生病，就没必要着急买了。”

胡倩倩：“徐先生，不急，身体才是最重要的。”

胡倩倩和徐先生聊了十来分钟，就回去了。

但是，胡倩倩并没有因为徐先生不买车，就不来看他，反而隔三岔五来一次。

有时候徐先生和姚女士问她怎么老来医院，胡倩倩就说路过医院进来看看。徐先生夫妇也没有办法，看着胡倩倩每次来都带小礼物，夫妻二人都觉得如果不买车就不好意思了。两周后，徐先生一出院，就和姚女士一起找胡倩倩买车。那天胡倩倩正好休假，经理就问能不能让其他人来办理买车事宜，他们却说不行，就要找小胡买车。

后来徐先生不仅自己买了车，还介绍了一个想要买车的朋友给胡倩倩。胡倩倩觉得只要对客户真心，客户在某个时间就会回报你。

看望生病的客户，应该怎么做才能增加对方对自己的好感呢？

第一，打电话给客户或者客户的家人问候病情，但如果只是问候，恐怕诚意不够。

第二，看望病人，不知道买什么礼物的时候，一般可以买一些水果。

第三，如果知道客户喜欢鲜花，也可以送对方鲜花，但需要注意的是，不同的鲜花有不同的含义，买花的时候需要了解清楚。

第四，看望客户之后，在空闲的时候可以给客户发一些其喜欢的小笑话，让客户保持愉快的心情。

小提示

看望客户的时候，如果打算买花，需要注意客户是不是对花粉过敏，这一点应该事先了解清楚，以免弄巧成拙。

下篇

如何进行投诉管理

⊙ 第5章 原因分析：产品 OR 服务 OR 自身
⊙ 第6章 动机分析：发泄情绪 OR 谋求补偿
⊙ 第7章 投诉分类：有效 OR 无效、一般 OR 重大
⊙ 第8章 处理策略：不逃避、不推诿、给结果
⊙ 第9章 处理方法：化解愤怒、解决问题
⊙ 第10章 投诉禁忌：命令、争辩、不作为
⊙ 第11章 危机公关：如何处理极端负面事件
⊙ 第12章 网络时代：客户服务的更高要求

第5章

原因分析：产品OR服务OR自身

新手小白遇到客户投诉时，往往采用“赔、赔、赔”的方法，这种方法不可说全错，但是从企业效益的角度来说，这并不是最好的选择，至少要问清楚什么原因导致了客户投诉。问清楚了原因，解决方法就有了，不一定要通过赔钱的方式解决问题。

商品质量：少量、破损、过期等

北京市的一位马女士在某大型超市买到了过期食品。马女士十分生气，便向超市讨说法，要求超市给予她一定的补偿，否则就要将超市告上法庭。超市方处理客户投诉的邓女士表示，当天她接到客户投诉后，立即组织人员对马女士所购食品进行查证，发现由于工作人员的疏忽，确实没有将过期食品及时下架。但客户马女士所要求的补偿，超市方认为属于狮子大开口。所以，超市方的邓女士提着双倍的食品登门道歉，并保证以后不会再出现这样的问题，希望客户马女士能够谅解超市方的疏忽。

作为盈利企业，保证产品的质量安全是必需的。

最近一家储运企业客户投诉管理部门接到一位老客户的投诉电话，称：“近期储运企业送来的货物中存在货物破损的情况，该批货物总额达到10万元，其中70%是完好的，剩下的30%都是破损的。”客户要求企业赔偿破损货物的金额3万元。投诉管理部门受理了客户投诉，并对造成货物破损的原因进行分析。

第一，由于储运企业对货物包装强度过低，造成货物在运输过程中出现损坏。

第二，破损货物中有20%的货物受到轻微的碰撞导致变形，经过修整不影响货物的使用和销售，预计金额达到2万元。其余货物破损严重，无法恢复，这部分费用将全部由储运企业赔偿。

储运企业客户投诉管理部门按照有关规定，并征得客户同意，对破损货物的赔偿，提出有效的解决方案：支付商品修理的全部费用，并赔偿经济损失；补发所有破损的货物。

储运企业的有关部门按要求支付赔款和补发货物，解决了客户投诉的问题，并且对客户进行回访调查，了解退货情况，赢得了客户的信任。

现在流行网购，不仅衣服、食品、生活用品可以在网上买，很多电子产品也可以在网上买。

北京一企业的普通职员张鑫，“双十一”的时候，第一次在网上某旗舰店购买一部手机。他与客服沟通时，客服对手机的质量问题做出了承诺，其中包括手机在无人为损害的情况下保修一年，并且可以到该品牌的任意专柜进行维修。张鑫还咨询了手机的配件是否齐全，客服回复：“只要专柜有的，我们也是有的，而且我们承诺七天无理由退货，出现任何问题都可以上线咨询我。”

张鑫两周后才收到货，收到货后看到手机的包装还可以，但是打开一看手机是开机状态的，而且发现电池耗电很快，当时答应多送的一块电池也没有送，手机看起来的样子不像是全新机。于是张鑫在店铺官网上询问客服：“为什么两周才收到货啊？”

客服回复：“‘双十一’卖断货了，这款手机是预售的，一到货就给您发出去了。”张鑫十分生气地说：“为什么在我拍下来之前，没有跟我说是预售的？”客服说：“您好，因为‘双十一’爆仓，我们不保证到货时效的。”

张鑫又问道：“手机电池为什么耗电这么快？”

客服说：“第一次使用手机，要把电池先充满才能正常使用，否则耗电会非常快。”

张鑫说：“承诺要送的电池为什么没有收到？”

客服回复：“不好意思，我们会第一时间联系售后给您补发的。”

张鑫见客服的态度还不错，情绪渐渐平复下来。

张鑫问客服：“什么时候能够补发电池过来？”

客服说：“我们会在第一时间给您发出去的。实在不好意思，请您多谅解。”

客服的耐心解答，打消了张鑫退货的念头。

商品出现问题，商家收到客户投诉很严重，但更严重的是商家不能做出有效的补救。所以，遭到客户投诉时，客服人员理应热心为客户解惑，及时为客户解决问题，给客户一个满意的答复。

服务态度：不理不睬、态度不真诚

销售或服务过程中，工作人员会遭到客户的投诉，其中大多数不是因为产品问题，而是因为他们的服务态度出现了问题。

来自上海的徐平在一家对外贸易企业从事会计工作。2016年9月，企业接到一个项目。由于项目完成得比较出色，企业在该年年底得到了特别嘉奖——1万元奖金，企业派徐平去银行取钱。取完钱之后，徐平发现少了200元钱，之前也听同事说遇到过类似的事情。

徐平立刻返回银行，询问柜员："您好，刚才我在柜台取钱，发现少了200元。"

柜员说："什么时候取的？"

徐平说："两分钟前。"

柜员说："这是不可能的，而且你已经把钱取出来，还离开了柜台。"

徐平听了柜员的话，当即就想发火。

柜员还爱搭不理地说："你取完钱之后再回来说少了钱，我们是不负责的。"

"下一个。"柜员直接忽略徐平，喊下一位客户办理业务。

徐平见她说话语气生硬，便说道："你什么态度，我不可能为了200元钱平白无故地冤枉你们。要不相信你去调监控啊，监控可以证明我并没有偷偷拿出200元钱来讹诈你们。"

但是柜员没有理睬他，继续为其他客户办理业务。

大厅里人来人往，此时业务主管从里面走出来，说："您好，这是怎么回事？"

徐平说："我刚取完钱，数钱的时候发现少了200元钱。"

主管问："什么时间？哪个柜台给您办理的业务？"

徐平回答："办完十分钟左右，就是在三号柜台办理的。"

主管说："您先别着急，今天是周一，办理业务的人比较多，先去休息区坐一下，我帮您查一下，查到之后第一时间通知您。”

徐平见主管的态度比较随和，就去休息区等待。

过了半个小时，徐平见到给他办理业务的柜员和那位很和气的主管一起走了过来。

“真不好意思，先生。是我们的失职，柜台机器出现了小故障，导致您的钱少取出200元，是我们员工的失职。”业务主管十分谦和地说。随后柜员也表示了十分的歉意。

因此，无论是销售行业还是服务行业，都应该时刻牢记以下三点。

第一，对服务行业人员的基本要求就是能够高效、高质量地处理业务。为客户办理业务的时候要主动询问客户的需求，然后负责任地满足，不要和客户无谓地争执，最终闹得不欢而散。这样的行为无论是对客户还是工作人员都是不负责任的表现。

第二，销售人员每天都面对形形色色的客户，一句贴心的问候，一句礼貌的“您好”，都会给人以亲切感，也会拉近人与人之间的距离。

如果服务人员整天面无表情，遇到办理比较烦琐业务的客户就不予理睬或者态度傲慢，这样就会给客户造成比较压抑的感觉，也很容易因交流不顺畅而发生冲突。遇到问题时，工作人员需要给客户耐心解释，如果工作人员还是一副万年不动的表情，这对解决客户的问题没有丝毫帮助，相反，还会雪上加霜，结果也是我们最不想看到的。

第三，世界上的人有千千万万种，脾气秉性也多种多样。大多数客户都会支持、配合工作人员的工作，但是总会遇到容易冲动的客户。

面对这样的客户，一是尽量容忍，要分析其冲动的原因，尽力做好自己的每一项工作，不给客户发脾气的机会；二是要有耐心，站在对方立场上，设身处地地想一想客户发火的原因，想一想客户的火发得是否有道理；三是尽最大的可能不和客户争吵，始终保持微笑。俗话说“伸手不打笑脸人”，面对微笑的工作人员，发火或者情绪激动的客户也会慢慢平静下来。

小提示

首先工作人员要做的不是与客户对着干，不能为了解一时之气而对客户以牙还牙；其次要向客户耐心解释，即使自己受到了委屈，也不要与客户起冲突，这是百害而无一利的。

服务效率：等待时间长、兑现承诺不及时

在电商经济迅速发展的大环境下，不论是学生、宝妈，还是企业白领，都觉得网上购物方便而且节省时间，于是他们在网上购买自己所需要的物品。然而，随之而来的问题是，部分物流运输速度慢，有些商品不能在卖家承诺的送货时间内送达，商家在网上给客户的各种承诺得不到保障等。相应地，没有得到商家应有服务的客户会在网购平台上对商家进行投诉。

赵辉是一家企业的白领，平时由于工作繁忙，没有时间去实体店购物，所以网上购物成了他的首选。2022年年底，他在网上一家商城的服饰旗舰店花998元买了一件黑色外套。购买时，卖家承诺，如果赵辉收到货后好评截图，他们会给赵辉500元的返现。赵辉把好评截图发给卖家之后，却一直无人回应。

赵辉心想：“虽然500元不是很多，但是他们也不能这样欺骗客户。既然他们承诺了，那么他们就应该给我。”所以赵辉联系了网上商城的工作人员孙华。

赵辉：“您好，在吗？”

孙华："在的，您好，有什么可以帮助您的？"

赵辉："我前几天在这家旗舰店买了一件衣服，他们承诺我好评截图就返现，但现在联系不到他们了，这是怎么回事？"

孙华："哦，由于这家店的经营存在一定的问题，目前它已经被官网电商监管了，强制下架了。"

赵辉："那怎么办？他们说好要给我返现，现在店下架了，那我怎么办？"

孙华："您好，我会把您的问题及时上报，尽快地给您解决。"

赵辉："那行，我就先等着，你一定要好好地给我解决问题，否则我……"

然而三个多月过去了，赵辉一直等着孙华给出解决方案，但是始终无果。

赵辉很气愤又很无奈，于是又给孙华打了电话，孙华回复："商家承诺好评返现，我们是不支持的，而且店铺已经下架，我们售后服务正在进一步完善。但是你要求返现500元的要求，我们官网可能满足不了。"因为找不到商家兑现承诺，所以赵辉只好自认倒霉，觉得自己花998元买这件衣服真是太亏了。

在这个事件中，当时工作人员虽然对赵辉做出了回应，但后续工作却一拖再拖，拖到最后，也没有把客户赵辉的问题解决。这说明工作人员的服务效率低，这样就大大地降低了客户对商家的满意度。

提高服务质量和效率是解决客户投诉的根本之策。那么该如何提高客服人员的服务质量和效率，赢得广大客户的好评呢？

1. 端正服务态度

服务就是帮助客户解决他们的问题，提升产品在客户心中的分数，要让服务给原本100分的产品再加上20分，这是服务人员要起到的作用。

也就是说，服务人员要提高自身的服务意识。我们都知道一句话：工作态度决定一切。是的，既然选择了服务行业，就要把自己的态度摆正，不能由着自己的性子对待客户。我们要牢记自己的工作准则：客户就是上帝，我们不能激怒上帝。

2. 提高服务质量

服务的对象——客户满意了，我们的服务质量才算是提高了。那么，我们要从客户角度出发、从客户需求出发，提供主动服务，提高服务在客户心中的分数。

主动服务，就是要从细微处发现客户需求，主动帮助客户解决问题，即从细微处为企业创造可观的效益，从细微处提高服务质量。现在市场竞争非常激烈，企业要想得到良好的发展，客服人员高质量的服务是必不可少的。

3. 提高服务效率

在这个快节奏的社会，什么事情都讲究效率，这对客服人员来说同样很重要。如果由于服务效率流失客户，对企业、对客服人员来说都是一件得不偿失的事。

客服人员要熟悉整个服务流程以及解决问题的程序，这样帮助客户解决问题时，才能得心应手。客服人员对所在领域的服务有比较全面的了解也是十分必要的，因为这样可以更及时、更全面地知道客户遇到的问题，明晰解决方案。

增值服务：缺少残障人士特殊服务、无备用雨伞等

现在有些商场的基础设施建设不太全面，特别是对残障人士的特别服务不太到位。此外，某些大型商场无备用雨具，每当大雨突降，客户没有带雨伞，在商场内又无法买到雨具，便只能在商场内长时间

等待，影响了客户的行程，浪费时间。

方静是一位双腿截肢的残障女士。她在2016年的一次外出旅行时遭遇车祸，不幸失去了双腿，只能依靠轮椅生活。由于父母都要上班，方静承担起了家里日常生活用品的采购任务。

方静每天都要去附近的蔬菜批发超市买菜，可是超市的电梯都是台阶式滚梯，坐着轮椅的她上下楼只能坐离蔬菜摊位很远的垂直升降式电梯，非常不便。如果能有斜面电梯，并设计残障人士专用的电梯扶手，方静一定能轻松很多。

不仅很多大商场考虑不到客户的特别需求，与人们生活息息相关的手机营业厅也在服务方面有所欠缺。

住在北京的王先生到手机营业厅询问手机缴费的一些问题。王先生已经76岁了，眼睛有点花，平时看手机都戴着老花镜。那天，他去营业厅没有带老花镜，就问营业厅的工作人员："我眼镜忘带了，你们有老花镜吗？"

工作人员说："营业厅不提供老花镜。"

王先生说："你们这服务不够周到啊。"

工作人员说："您有什么问题，我可以帮您。"

王先生说："我想问这个短信咋回事？我看不到是哪个短信，你咋帮我？"

工作人员听了他的话有点愣了。

王老先生又说："你们这服务太不周到了，我都这么大年龄了，好不容易来一趟，也没有解决问题。"王老先生一边埋怨，一边颤巍巍地走出了营业厅。

老花镜对有需要的老年人来说确实十分重要，营业厅没有准备老花镜，的确有所不足。

小提示

从这两个事例中，我们了解到，商场不仅要卖东西，要负责商品的质量，还要负责让客户买得安心、买得方便，更要考虑客户的各种需要。同样，营业厅也应该考虑客户的各种需求，并根据客户需求采取相应的措施，以提高企业的竞争力。

服务环境：卖场不清洁、停车位不足等

有些商场遭到客户投诉，不是因为商品出现了问题，而是因为对服务环境重视程度不够引起了客户的不满。

家住在安居家园的刘女士经常去小区附近的商场买东西。一次，小孙女的幼儿园放假，刘女士就带着小孙女一起去买菜，却让她的宝贝小孙女受了不少罪。

刘女士拉着小孙女去挑菜，小姑娘不留神踩到地上一片菜叶子，一下子摔倒了。巧的是，小姑娘的头正好碰到了旁边的货架子，撞了个包。小姑娘哭得厉害，奶奶刘女士更是心疼得不行。于是，刘女士菜也不买了，抱着小姑娘便找商场的负责人理论起来。

刘女士说："我来你们商场消费，现在却让我孙女儿的头撞了个大包，你看，你们怎么负责吧。"

负责人金小姐了解事情的经过后，说："这是您孙女儿不小心造成的，跟我们没有太大关系。"

刘女士瞪大眼睛说："你怎么可以这样说，我孙女是因为你们商场

地面上有菜叶子才摔倒的，是你们没有及时清理才造成现在局面的，你们不负责谁负责?”

金小姐支支吾吾地说不出话来。

这家商场由于缺少对清洁的监督，导致商场地面不洁，对客户造成了伤害。同时，刘女士与商场负责人的争执必定会对商场的声誉有所损害。

服务环境的问题，不仅是卫生问题，有些餐厅也会因为停车位不足让客户不满。

李先生一次和几个朋友去吃饭，由于距离饭店较远，所以他们开车前往。他们到达饭店后，发现饭店门前车很多，李先生便去问保安：“你好，我们来吃饭，能不能给我们找个车位?”

保安说：“这我们也没有办法，这个时间点吃饭的人就是多，已经腾不出车位了。”

李先生想着好不容易和朋友们一起出来吃饭，不能因为一个车位问题吃不成，但把车停在路边又怕被罚款，心里很不痛快。他便对保安说：“我来这儿吃饭，你们应该给我找个车位。”

保安觉得这位客人很不讲理，说：“这是没有办法的事，就五个车位，我也变不出另一个车位来。”

李先生还想反驳，但他的朋友拉住了他，去了别的地方吃饭。

虽然李先生一行人没有投诉，但是对这家饭店来说，由于停车位的问题，流失的不仅是这几位客户，更是客户对这家饭店的好感。试想想，每当客户想来这家饭店吃饭，一想到连车都没地方停，那他还会来这里吃饭吗?

由于服务环境问题接到客户投诉，商家应该如何应对呢?

首先，要明白受到投诉是因为服务环境，找到问题所在，就如治病找到了病灶，接下来才能对症下药。

其次，安抚客户是关键，尽量不要让客户在公开场合大吵大闹，这样会损坏企业在其他客户心中的形象。安抚客户时，要表明自己的立场，那就是对客户的埋怨、投诉表示理解，这是安抚客户时经常采用的方法，也是化解客户怒气的一个有力法宝。客户投诉时，他最希望自己的遭遇得到他人的理解和支持。所以，与客户建立共鸣是我们处理投诉十分有效的方法。

最后，要审视自己的问题。既然服务环境出现问题，就要对服务环境进行整改，避免以后再因相同问题遭到客户投诉。

小提示

有句俗语："良言一句三冬暖，恶语伤人六月寒。"用来说明投诉处理中话语的作用可谓十分恰当，一句体贴理解的话语往往有化干戈为玉帛的作用。

售后服务：拒绝维修或修不好

商场如战场，商家不仅需要把自己的商品卖出去，而且需要通过高质量的售后服务来提高客户的满意度，赢得回头客，拓展新客户。

何先生在一家商场购买了一部手机，使用不到一周，就发现手机屏幕出了问题，手机屏幕一闪一闪的，短信内容和屏幕标签都看得不是很清楚。虽然手机还能够通话，也能够上网，但这还是让他十分生气，刚买的手机怎么会出现这种问题？于是，他拿着手机、保修卡和发票气冲冲地去了手机商场。

几番周折后，何先生把手机送到手机售后服务中心。名为李莉的售后服务员看后说："手机排线坏了，拆机重装排线就好了。"

何先生听了虽然很生气，但是想到手机可以修好也就不计较那么多了。但是李莉把手机拆机重装排线后，手机屏幕还是一闪一闪的，无法正常使用。

看到这里，何先生质问道："你们怎么搞的，手机都给我拆了，也没修好，你们说怎么办？"

李莉说："何先生，经过检查，您的手机出现这种问题是由于您在使用过程中让手机进了水或其他不明液体，这是您自己的问题，跟我们无关。"

何先生听了更生气，说："当初买手机时你们说好的有售后服务，现在你们的产品出了问题，你们就应该负责给我修好，其他问题我不管。"

李莉说："这是您自己的问题，不在我们的售后服务范围内。"何先生听了更是愤怒，让李莉把经理叫来。经理吴先生解释，根据有关规定，电子产品进液后，都不再进行"三包"。后来，何先生多次与售后人员交涉，但问题没有得到解决。

这样的售后可能符合规定，但是规矩是死的，人是活的，商家既然把客户当作上帝，又怎么可以不想尽办法地为上帝排忧解难呢？这家手机店应该与何先生协商，可以从最优惠的角度提出解决建议。

1. 换货

换货是从卖家和买家双方利益考虑而采用的方案，一般换货需要以不影响二次销售为原则，具体来说有以下两点。

第一，客户收到商品之日起（以发票日期为准）的一定期限内，在保证商品完好的前提下，可无理由换货。

第二，客户收到商品之日起（以发票日期为准）一定期限内，发生性能故障，可选择更换同型号商品。但是何先生手机的问题是人为造成的，所以本着买卖双方的利益，手机店理应给何先生耐心地讲清楚原因以及相应的“三包”服务内容，然后与何先生协商，请其额外支付一些费用为他换购另一部全新的同型号手机。

通过这样的换货，何先生肯定能感受到商家温馨的售后服务，他自然会以另一种方式回馈商家。比如，他会告诉亲戚朋友、左邻右舍：“那家手机店看我手机坏了，及时提出了解决办法，而且服务态度好、处理速度快，在他家买东西没有后顾之忧，买手机还真该去他家。”换货这个售后方案既及时地解决了客户的问题，还提高了服务质量，也提高了客户对商家的满意度。客户能为商家带来更多的顾客。

2. 加价或减价调货

何先生的手机购买时间不到七天出现了问题，这是任何一方都不愿意看到的，可是这家手机店的售后人员因为规定不予解决何先生的问题，也不为何先生提供有效建议，不仅让何先生遭受财产损失，也对这家手机店的名誉造成了不好的影响。

所以，无论在哪方面讲，手机店都应该采取相应措施。首先，手机店经理可以对何先生的手机价值进行估算，并告诉何先生，他的手机现在价值多少，然后告诉他“手机店会以最大的优惠给其更换一部其他类型的手机”，询问其意愿。无论如何，不能让客户感到他们购买商品后就被无情地抛弃了，而是以最大的努力帮助他们解决问题。

3. 退货

退货也是一个解决办法，但是因为何先生的手机不在无条件退货范围之内，所以手机店必须向何先生解释清楚，怎样退？能不能全款退？为什么不能全款退？不能全款退，那么能退多少？为什么给他退这么多？等等，这些问题都要解释清楚，以免引起纠纷。

小提示

无论什么时候，客户都是商家的上帝，商家不能因为退货，就对客户有不满、不耐烦的情绪。

客户自身原因：性格暴躁、情绪欠佳等

作为一名销售人员或售后服务人员，你的工作性质决定了你的生活注定与众不同。当客户发脾气时，无论原因是客户心情不好，还是你的介绍不符客户的心意，或者你的回答让客户不满意，或者你的微表情让客户心理不痛快，不管原因是什么，你都要首先向客户致歉。

销售人员在销售过程中会接触到不同性格的客户，最难应付的就是性格急躁、脾气火爆的客户。在与销售人员谈话或者接受售后服务的过程中，客户都希望快速解决问题，于是一些脾气急躁的客户，更会感觉你在浪费他的时间，或者觉得你的业务不熟练怠慢了他。这时，他就会对你产生不满的情绪，伴随而来的还有不配合、不耐烦，甚至故意曲解你的话来难为你等。那么，销售人员应该怎样应对情绪急躁的客户呢？

1. 销售人员或售后服务人员要时刻保持冷静，学会掌控自身的情绪

有时候客户心情不好，会说一些尖酸刻薄的话，面对这样的情形，销售人员或售后服务人员的情绪也会或多或少受到影响，但如果与之针锋相对，不仅不利于销售，甚至可能得罪客户，影响销售人员或售后服务人员自身乃至整个企业的形象。因此，销售人员或售后服务人员要学会调整自己的心态，平复自己的情绪，把自己最好的状态呈现给客户，这样才能赢得客户的肯定。

伟大的军事家拿破仑曾说过："能控制好自己情绪的人，比能拿下一座城池的将军更伟大。"可见，一个人能控制自己的情绪多么不容易，又多么可贵。销售人员或者售后服务人员不仅要调控自己的情绪不受客户情绪的影响，更要时刻关注客户的情绪。

2. 销售人员或售后服务人员要以足够的耐心去稳住客户

当销售人员或售后服务人员遇到心情不好或者情绪暴躁的客户，最不应该做的就是与客户对着干，与客户针尖对麦芒，图一时之快，但最终结果是丢掉客户，谈不成业务。而且，销售人员或售后服务人员的态度，不仅体现个人的素质和修养，还代表着企业形象。

柏拉图曾说："耐心是一切聪明才智的基础。"是的，耐心对销售人员来说至关重要，是销售人员素质最好的表现。销售产品，卖出产品是销售人员的最终目的，为了实现目的，销售人员就要十分关注客户的情绪变化。为了稳住客户，就要有百分之一百二的耐心，这样才可能达成目的，完成销售业绩，赢得丰厚回报。

3. 销售人员要主动向客户道歉，让客户的怒气平息下来

西方一位著名学者曾说："当场承认自己的错误需要相当的勇气，给人一个好感胜过一千个理由。"当与客户发生分歧时，一味地争执并不能解决问题，主动道歉才是最有效的方法。

拥有日本"销售之神"称号的保险销售员原一平曾经说："赤裸裸地注视自己，毫无保留地彻底反省，然后才能认识自己。"是的，人无完人，金无足赤，谁都会有自己的小脾气，但是在销售领域，客户就是上帝，甚至可以说客户就是企业的衣食父母。所以，想要在销售领域干出成绩，就要经常反省自己，认识自己，认识销售这个工作的性质。作为一名销售人员，职责是向客户销售产品，而其首先要做的就是销售自己，给客户留下一个好印象，这对销售产品来说是有帮助的。

所以，当客户对销售人员发脾气时，销售人员要审视自己哪一点做得不完美，哪一点让客户雷霆震怒，要本着“有则改之，无则加勉”的态度，主动向客户道歉、耐心解释。这样不仅能够很快地平息客户的怒气，也有利于与客户长期良好合作关系的建立，这对销售人员或售后服务人员都是至关重要的。

第 6 章

动机分析：发泄情绪 OR 谋求补偿

有时会遇到上了年纪的大爷大妈来投诉，原以为是产品出了问题，但其实他们主要是想找个人说说话。所以，只有掌握客户的投诉动机，才能匹配上合适的解决方案。

宣泄型：讽刺责骂后自我罢休

我们在处理因为网购订单引起的客户投诉时，可能遇到几种比较特殊的客户，他们可能由于某些原因会在投诉过程中对客服人员恶语相向。

一次，客服吴雨遇到了这样的事情。那天，吴雨上夜班，大概晚上 9 点多，一位名为张庆惠的客户给她发来了消息。

张庆惠："有人在吗？"

吴雨看到有客户来询问，立即打起精神，回复："有的，请问我有什么能够帮您的？"

张庆惠："我在你们家买了一双白色的运动鞋，才穿两天，鞋帮那里竟然就掉了皮，你们卖的什么鞋？这是在欺骗消费者。"

吴雨赶紧回复："您好，您可以把鞋子掉皮的地方以及鞋子的全貌给我们拍照，核实后，我们会为您提供补偿的。您看这样做可以吗？"

张庆惠："不行，我要退货。我是看你们家好评那么多才买的，现在你们的商品这么差，我就要退货。"

吴雨："亲，就算您要退货，也要把图片给我们发过来，不然，您把鞋退过来，我们不收，也是白白浪费您的邮费，您说是不是？"

张庆惠："你们就是无良商家，邮费应该你们出，你们卖给我质量低劣的鞋子，就是你们的不对，现在还让我出邮费，你脑子是不是被驴踢了？"

吴雨看客户开始骂人，心里不舒服，但是作为一名客服人员，她总是时时刻刻提醒自己，不能跟客户争执。于是，她又心平气和地说："亲，您要退货，而且您的鞋子已经超过无理由退货的期限，所以邮费应该您出。"

张庆惠："你是不是脑子有病，你要是有病就赶紧去医院治治，别在这儿什么都不懂就一直瞎说。是因为你们鞋子的质量出了问题，我才要求你们给我退货。如果你们的鞋子质量没问题，我用得着在这儿跟一神经病交流吗？我又不是吃饱了撑的。"

吴雨看着客户发来的消息很气愤，这客户说话真是太损了，真是让人生气啊。但是她的职业素养告诉她，不能与客户争执。但是这个客户说话夹枪带棒，真让人受不了。吴雨不想再跟这个客户一直纠缠下去，于是她直接告诉客户："亲，不管怎么说，您首先得把鞋子图片发过来，我们才能对您的问题进行后续处理，否则其他的一切都是白谈。咱们也别在这儿费口舌了。"

张庆惠："你这是什么服务态度，我来找你解决问题，你却把我扔一边。你会不会当客服，简直就是什么都不会，连最起码的职业道德都没有。我不管，我就要退货。”

吴雨看到消息都气笑了，回复：“亲，不管我懂不懂，现在你想要退货，就得拍照。”

张庆惠：“算了，我才不会为了这几个钱浪费我的时间。我以后再也不来你家买东西了。”

在这个案例中，客服吴雨遇到的明显是一个宣泄型的客户，他觉得自己上当受骗了，找客服只想出口气。对于这一类型的客户，客服人员应该如何应对呢？

第一，处理网购投诉时，如果发现客户一直不停地抱怨，还时不时地说脏话，那么客服人员就应该有这样一种意识，这种客户就是来找茬的。他既然要无理取闹，那么客服人员能做的就是让他发泄，等他情绪稳定下来，说完他想说的，才能与他沟通。所以，此时客服人员应该守好心理防线，尽量不被客户的情绪影响。

第二，对于这种宣泄型客户，客服人员应该全力引导客户向解决问题的方向走。如果在此过程中，客户对客服人员提出的任何建议都不予考虑，那么客服人员要做的还是不与其争吵，仔细聆听客户，鼓励客户发泄出来。接着，客服人员要尽到自己作为客服人员的责任，既然这样的客户不是以赔偿为目的，那么客服人员就要保证他不会对卖家的声誉产生影响，或给卖家差评，这些对网上商家的影响有时是致命的。

第三，对于宣泄型的客户，客服人员可以采取孙子兵法中的一条策略：以静制动。具体来说，就是客服人员充当安静的听客，给客户机会说完他想说的，客服人员在他说完前不要提任何建议。客户说完后，客服人员再根据情况判断他的最终目的，避免处于被动地位。

求偿型：追求财产和精神赔偿

我国西汉著名史学家、文学家司马迁在《史记》第一百二十九章“货殖列传”中写过这样一句话：“天下熙熙皆为利来，天下攘攘皆为利往”，意思就是人们都在为各种利益忙碌。现实生活中人们虽然不像这句话说得那样只会围着金钱和利益奔忙，但是有些人愿意为了一些小利而做出一些让人头疼的事情。

郑玲玲是一名网络售后服务人员。一天，她正在处理一位客户的问题，突然有个名叫“人见人爱，花见花败的秋哥”的客户发来消息：“我在你家买了一件女式风衣，一件男式呢子褂。买过来发现男式呢子褂肩膀那里脱线了，而且女式风衣怎么是直筒的？图片上不是直筒的啊。”

郑玲玲：“亲，女式风衣带一点收腰，图片由于拍摄原因存在一定的误差。”

人见人爱，花见花败的秋哥：“拍摄是你们的问题，又不是我的问题，现在买的衣服我不太满意，你说怎么办？”

郑玲玲：“那您把女式风衣发过来，我帮您退了。”

人见人爱，花见花败的秋哥：“这两天我都有事，根本没时间给你邮过去，再说，我买件衣服也不容易。”

郑玲玲：“亲，那您说怎么办？”

人见人爱，花见花败的秋哥：“你给我点补偿算了，那件男式呢子褂我也不退了，你们补偿我点钱，我去修修好了，也当我花钱买个教训。”

郑玲玲看着这位客户的要求，觉得他就是想让卖家给他一些钱，占一些小便宜。于是，郑玲玲请示了上级之后，回复这位客户说：“亲，可以，我们可以补偿您20元钱去修衣服。”

人见人爱，花见花败的秋哥：“这不行，20元钱哪里够，而且，我不退货，给你们省了多少邮费，你们就只给20元钱哪里够。”

郑玲玲：“亲，20元钱修衣服绝对够了，而且女式风衣是您自己挑选的，本来就不在我们免费退货的服务范围。”

人见人爱，花见花败的秋哥：“我在你家买东西就图个放心，现在倒好，两件衣服都出现了问题，你们还不愿意给我赔偿。告诉你，我时间很宝贵的，你们再给我加10元钱，这件事就算了。”

郑玲玲想，这摆明了就是想要钱，得罪这样的客户不值当，退货的话，卖家赔得更多。于是，郑玲玲回复：“亲，好吧，我们愿意补偿您30元钱。”

人见人爱，花见花败的秋哥：“这还差不多，不然，我就投诉你们。”

这个案例中的客户属于求偿型，就是想从卖家这里得到补偿，他们其实不是真的想投诉。面对这一类型的客户，售后服务人员应该如何应对呢？

第一，判断什么样的客户才是求偿型客户。这类客户的特点很明显，他们首先说自己购买的商品出现了问题，自己不想折腾去退货或者说自己没有时间退货，然后说出他们的目的，想要卖家补偿他们一些损失，那么他们就不投诉卖方了。售后服务人员需要快速抓住这一类客户的特点，给出相应的解决方案。

第二，售后服务人员知道了这一类客户的典型做法后，要做的就是联系上级，请示是否可以补偿，若可以，最多补偿多少。知道了补偿底线，售后服务人员就可以与客户协商，把卖家的损失降到最低。若不可以补偿，售后服务人员就要考虑用怎样的方式向客户解释才能让他们接受。

第三，在与客户协商的过程中，售后服务人员需要注意不能忘记最基本的礼貌用语。因为，客户叙述问题的过程中，言辞可能比较刺耳，情绪有些激动，售后服务人员要尽可能地不与客户发生口角，尽管有时候他们的要求很不合理。售后服务人员不能被激怒，要冷静分析，沉着应对，不能自乱阵脚。

求尊型：希望遇到的问题受重视

亚伯拉罕·马斯洛是美国著名的社会心理学家，他提出了马斯洛需求层次理论，其中仅次于自我实现需求的是尊重需求。可见，得到尊重对一个人来说是多么重要。相应地，如果这个人没有得到应有的尊重，那么他就会为维护自己的权利而采取措施。

赵先生是一家企业的老总，平时为人低调，不爱摆阔。对于穿衣打扮，他觉得只要干净整洁就可以，他是这样想，也是这样做的。但是，一次住酒店的经历，让他对此产生了怀疑。

那天，赵先生在外地谈完生意，觉得挺累，就在附近找了一家酒店。他走进这家酒店，觉得酒店还不错，装修大方，宽敞明亮。他走到前台对接待员说："你好，我要一个房间，最好风景好一点儿的。"

前台接待员抬头看了一眼赵先生，说："只有背阳的房间了，这样的房间在这附近也算是好的了。"前台接待员虽然没说什么过分的话，但是她的表情好像在说："有钱没钱啊，住个房间还挑三拣四的。"

看着前台接待员的表情，赵先生觉得自己受到了侮辱，便说："我只是提个要求，你有房间我就住，没房间我就不住，你这什么态度。"

前台接待员说："我说的是事实。再说，我什么态度，我态度不是挺好的。”

赵先生说：“你别跟我说话，我不想跟你说话，把你们经理找来。”

酒店经理过来后，急忙说：“先生，您好！请问您有什么需求？”

赵先生说：“我就想要一间风景好点的房间，你们的工作人员好像看不起我，她这服务态度太不好了，我要投诉她。”

酒店经理说：“先生，您消消气，我在这儿给您赔不是了。您看，咱们这儿实在没有向阳的房间了，但是房间就算不向阳，里面的设计绝对让您得到比向阳更好的享受，保管您满意。”

赵先生觉得这个经理说话挺在理，就说：“好吧，看在你的面子上，我就住一间。不过你们那前台接待员真得好好教育教育。”

酒店经理赔笑道：“是是是，我会对她好好进行教育的。”

在这个案例中，赵先生之所以投诉接待员，很大一部分原因就是前台接待员没有给予他足够的尊重。而酒店经理处理这件事情时做得就很好，既避免了赵先生对酒店的投诉，又为酒店留住了一位客人。那么，面对赵先生这类希望自己得到足够尊重的客户，服务人员应该怎样做呢？

服务人员需要明白，求尊型客户就是希望在消费的过程中，能受到足够的尊重，一旦他们的需求得不到满足，就可能投诉。服务人员可将心比心，站在客户的角度去考虑事情，知道了这类型客户的心理特点，就可以对症下药，采取行动。

在处理事件之前，先处理客户的感情。处理投诉，就是要让对服务人员工作不满意的客户变得对其满意。客户是服务人员的服务对象，不是斗智斗勇的对象，与客户争论，服务人员永远不会赢得胜利，即使服务人员“赢了”，那么这个客户还会有吗？

所以，求尊型客户的情感需求很容易看出来，那么，找来管理人员亲自为他们服务，一般情况下他们的自尊心得到满足，就会感到满意，那么所谓的投诉也就不存在了，投诉也算圆满处理了。

小提示

投诉在服务行业是不可能完全避免的，店家要正确看待投诉。投诉处理后，店家要做的就是找到自己的不足，吸取教训，可以对平常遇到的一些投诉案例分析整理，避免类似的投诉再出现。

建议型：帮助企业改进服务失误

有一些客服人员对待投诉有自己的一套处理办法，他们从不同的角度看待投诉，就像苏东坡的诗写的那样“横看成岭侧成峰，远近高低各不同”，他们改变了视角，也赢得了客户的信赖和好评。

钱女士是一位退休教师，某个周末，她和老伴儿去附近的西餐厅吃饭。本来他们吃得挺好的，但是吃骨肉相连时，觉得肉炸得太老了，吃着特别费劲，心情就有点儿不好。吃完饭临走时，钱女士就对旁边的服务员说：“骨肉相连的肉炸得太老了，我们老两口儿的牙都不行了，都嚼不动。”

服务员笑着说：“真是不好意思，可能后厨的师傅今天炸得时间长了。”

钱女士说：“不管是什么原因，我希望你们能考虑一下我们老年消费者。”

服务员说：“当然当然，我一会儿就跟师傅说一下情况，保证下一次您来不会出现这种情况。”

钱女士说：“那就行，我这也是为了你们店好。”

服务员说：“谢谢您的建议，我们一定多加注意。”

这家西餐厅的服务员以谦虚的态度、诚挚的感情赢得了客户钱女士的满意。

而有些服务人员面对客户建议不知所措，导致客户投诉升级，给企业形象造成了不好的影响。

江西一家燃气企业从事客户服务的赵庆，接待了一位四十多岁的女士，这位女士穿着考究，看起来很有文化。这位女士来到客户服务部后，说："我现在想见你们的经理，请你安排一下。"

赵庆说："不好意思，女士，经理今天出差了。您有什么事，跟我说也可以。"

女士说："大前天，你们企业有个工程师来我家检查供暖设备，说是某个地方有危险，把我家的管线掐断了，他说第二天来修，但是到今天也没人来修。我想问问这是怎么回事？就算是过几天修，你们也应该给我们打个电话，你说是不是？"

赵庆看了一下电脑记录说："很抱歉，昨天我们给您打过电话，没人接，这不是我们的问题。再说，是你们没有好好维护自己的供暖设备，现在供暖设备坏得较多，零件过几天才能拿过来。"

这位女士瞪大眼睛，简直不敢相信赵庆竟然有这种说辞，说："我买你家的供暖设备，为的就是售后服务。本来我只是说你们应该通知我什么时候能修，免得我在家白白等。现在你这样说，简直就是不负责任。我会投诉你的。"女士说完气呼呼地走了。

赵庆作为服务人员应该注意措辞，赵庆的做法对企业产生的影响是非常恶劣的。

服务人员对待这类建议型客户时，应该如何采取措施赢得客户的满意呢？

第一，面对建议型客户时，服务人员要与客户有适当的目光接触，表情应该是关心、真诚，表明对他所说的是感兴趣的，是非常在意他的看法的。面对客户时，服务人员不要懒洋洋地靠在桌子上，而是应该面对客户，让客户感受到解决问题的服务人员是受过专业训练的。

第二，面对建议型客户时，对他们所给的建议，服务人员首先权衡建议是否可取，如果可以，需要快速给予肯定，服务人员的专注和迅速回应会给客户信心。另外，服务人员在与客户交谈时，声音应该平静，含有关心的意味，这样才会给客户一种“你是可靠的、值得信赖的”感觉。

第三，解决投诉问题最基本的也是最好的方法就是不让投诉发生，在客户产生不满前解决问题。哪怕是客户细微的不满，也是服务人员需要注意的地方。考虑问题时站在客户的角度，比客户想得更多一点，就能把一切抱怨和不满扼杀在摇篮中。

逆反型：反感企业某一做法

有时候客户会对某企业提起投诉，不是因为他遭受了不公平待遇，而只是因为看不惯企业的某一做法。

周末，李小姐和两个很久没见的闺蜜一起去吃自助火锅，听说那家店菜品齐全，干净卫生。她们到了店里，发现来这里吃饭的人很多，已经排了很长的队。李小姐对闺蜜说：“怎么办，人好多啊！我们是在这里等，还是另外找个饭店？”

旁边一位负责客户排队的服务员听到，赶忙说：“美女们，这边等一会儿就会有位置了，来这儿一趟也不容易，为何不稍微等一下呢？”

李小姐和闺蜜听了觉得很有道理，便对服务员说："可以，我们先等一会儿，要是里面有位置了，你可要马上通知我们。"

服务员笑道："可以可以，一有位置就马上来告诉您。"

半个小时过去了，李小姐和闺蜜聊天都聊到口渴了，也没有等来位置，也没人来倒水，李小姐就有点儿生气。

她找到那个服务员，说："你不是说一会儿就有位置吗？怎么现在还没有？"

服务员无奈地说："我也没办法，谁知道那客人吃完了也不走，还继续在那聊天，真是不好意思。要不，您再等等？"

李小姐说："你不确定有座位，为什么要让我们等？有这个时间，我们早就找到吃饭的地方了。"

服务员看了看李小姐，一句话也说不出来。

李小姐看到服务员哑口无言的样子很生气，转身走到柜台，对值班经理说："你们这样怎么行呢？让客户等这么长时间，连个打招呼的人都没有，也不知道倒杯水。就这样的服务，就算你家菜品质量再好，谁还愿意来你家。我觉得你们的做法，对那么多等待用餐的客户来说是欠妥当的。"

值班经理意识到李小姐应该是渴了，然而店里又没有及时提供茶水，才导致李小姐来投诉。所以，他立即说："您说得对，我马上为每位等待的客户准备茶水，就餐位置也会尽快腾出来，请您再稍等几分钟。"

李小姐觉得这个经理说得还挺符合自己心意，便说："可以，我们再等一会儿。"

在这个案例中，李小姐反感那个服务员不遵守承诺，而且觉得被怠慢了。值班经理及时发现客户的心理需求并迅速采取行动满足客户需求，是非常值得学习的。我们在对待这类客户时需要注意以下三点。

第一，面对逆反型客户，服务人员不能上来就讲道理，就像该案例中的服务员那样，虽然他说的都是事实，但并没有赢得客户的认同。服务人员应该先听客户说，在听的过程中思考客户真正的意图，然后根据客户的意图讲出解决办法，这样对消解客户的抱怨很有帮助。

第二，面对逆反型客户，服务人员需要明白道歉不是解决问题的办法，虽然案例中的服务员很客气地对李小姐抱歉，但一味地道歉并没有用，解决问题才是关键。解决问题就要言行一致，承诺的就要做到。该案例中的服务员半个小时也没有为李小姐她们找到位置，那么他应该及时告诉李小姐，以免李小姐觉得自己无人招待、无人理睬，愤怒之下提起投诉。

第三，面对逆反型客户，服务人员如果能找到他们逆反的原因，明白他们为什么对服务人员不满意，为什么对商家不满意，就会像案例中的值班经理一样迅速地解决问题。如果服务人员不能迅速有效地解决问题，那么李小姐很可能把她们这次不好的用餐体验传播出去，到时企业需要花费几倍的努力才能挽回形象。

转移责任型：试图弥补操作不当造成的损失

俗话说“责人容易责己难”，客户也是这样，购买的商品出现问题时，他们首先想到的不是自己的使用方法是否得当，而是这店家的产品质量不过关。

周太太在网上的一个旗舰店新买了一个电饭煲，没想到，大年三十晚上烧饭的时候，电饭煲起火了，把电饭煲的线都烧坏了。周太太想："这年夜饭也不能好好吃了，真是让人生气。"于是，她就直接打电话投诉这家旗舰店，说他们销售质量不过关的电饭煲，要求赔偿。

这家网上的旗舰店接到投诉后，立刻组织当地的售后服务人员采取了措施。售后服务人员在大年初一捧着一个新的电饭煲来到周太太家，售后服务人员敲开门说："您好，您是周太太吧？我是旗舰店的售后服务人员，特地为您送一台新的电饭煲。"

周太太气愤地说："你们害得我们家年都过不好。"

售后服务人员赶紧赔礼道歉："是我们不好，这里有个新的电饭煲请您收下。"

周太太听了售后服务人员的话脸色稍微好了点，伸手接过了电饭煲。

售后服务人员接着说："周太太，能让我看看起火的地方吗？"

周太太立即回答："不行，凭什么让你看。"说着把售后服务人员关在了门外。

这位售后服务人员在周太太家门外等了一会，看周太太不会给他开门了，也就不再坚持，在附近找了一家旅馆住了下来。大年初二，他又去周太太家敲门，周太太感到很奇怪，便问："你怎么又来了？"

售后服务人员再次恳切地说："真不好意思，能让我看一眼起火的地方吗？"

周太太看他执着，便没有为难他，说："你进来吧，就在那里。"

售后服务人员进来看了一下，明白了电饭煲起火的原因。原来周太太家买的插线板是质量没有保障的地摊货，而且还有其他电器的插头插在上面。售后服务人员对周太太说："谢谢您，我有一个建议，您下次使用电饭煲时，最好不要与其他电器同时使用，否则还是容易引起火灾。"

周太太听了售后服务人员的话觉得很不好意思，但又很感激，说："谢谢，谢谢，你们服务真好。"

这个案例中，周太太由于自己的原因造成产品损坏，但是却投诉卖家。周太太属于转移责任型投诉客户，面对这种客户，服务人员应该如何应对并取得客户的满意呢？

第一，重视客户的投诉。投诉是消费者的基本权利，我们不能剥夺他们的权利，要尊重他们的权利。就像案例中的售后服务人员那样，即使是在举家团圆的日子，也要第一时间去解决客户的投诉，只有重视客户的投诉，才能换来客户的好评。

第二，与客户将心比心。在除夕这个欢喜的日子，电饭煲起火了，放在谁身上都会很生气。售后服务人员将心比心，与客户感同身受，从客户的角度出发，争取客户的信任。站在客户的角度处理问题，最佳的解决方式就是买卖双方能够双赢。如果不能，那么至少让客户感到有所获利，这可以增加企业的品牌口碑。

第三，处理投诉应有的态度。虽然企业受到了投诉，但是企业应该分辨投诉的性质和责任者。处理投诉时，应该注意维护企业的品牌形象；极力控制形势，不要让事态闹大，维护客户对企业品牌的满意度。

过度维权型：索要不合理的高价赔偿

随着社会的发展，人们的维权意识也逐渐培养起来。客户会用自己拥有的权利维护自己的利益，这是好事，但是确实有一些客户过度使用自己的权利，这让一些商家很头疼。

2019年11月的一天，一位身穿黑色外套的顾客在一家大型超市大吵大闹。这位顾客称自己上午在这家超市买了两块面包，回家发现其中一块变质了，于是便来超市讨要说法，要求超市对他做出赔偿。

顾客对超市负责人说："我今天上午在这里买了两块面包，竟然变质了。"

超市负责人说："您好，您还保留着上午购物的小票吗？"

顾客说："当然，我还能骗你？"

超市负责人看了看购物小票，证明面包确实是在这家超市里买的，但是这个顾客在这里大吵大闹已经影响了很多人，所以超市负责人对他说："您好，您看这里说话不太方便，我们去那边办公室谈，好吗？"

顾客说："不行，你得先给我个说法。我家孩子小不懂事，竟然吃了点儿变质面包，要不是我及时发现，我家孩子吃出来病怎么办？"

超市负责人说："这里太吵了，不利于咱们商量，是不是？我保证给您一个说法。"

顾客说："好吧，咱们去办公室谈。"

他们走进办公室。

超市负责人说："您看，我们免费帮您调换那两块面包，并且额外送您四块，保证新鲜，可以吗？"

顾客说："那不行，因为你家的面包，我家孩子以后得病怎么办？变质食物吃了有害健康，有时候甚至引起癌变。以后如果发生了这种情况，我找谁去理论？"

超市负责人愣了愣，说："那您想怎么处理？"

顾客说："简单，我要带着我家孩子去医院做一个全面的身体检查，费用由你们出，还要补偿我们的精神损失费，你们补偿我5万元好了。"

超市负责人说："先生，这个问题我需要报告我的领导，请您稍等，好吗？”

顾客一副不耐烦的样子说：“那你快点，我没有那么多时间在这儿耗着。”

超市负责人说：“好的，我会尽快。”

一会儿，超市负责人找来了领导。领导了解情况之后，很认真地对顾客说：“先生，首先对您说对不起，让您在超市买了变质面包，这是我们的失职。”

顾客说：“光道歉不管用，你们得拿出点儿实际行动。”

领导耐心地说：“先生，对于您的要求，我们非常理解，您对孩子的爱我们也明白。我们派人开车带您和孩子一起去医院，您给孩子检查的费用我们全部报销。另外，我们会赠送您面包。您看，这样可以吗？”

这个顾客看着虽然不情愿，但是觉得这个领导说得合情合理，最后采纳了领导的提议。

该案例中的顾客明显属于过度维权型，他的目的很明确，就是想趁机讹钱。遇到此类顾客时，商家应该怎样应对呢？

首先要重视，因为本身就是卖家有错在先，再者“客户就是上帝”的准则仍然有效。所以，工作人员处理顾客的投诉时，要表现得十分重视他以及他所叙述的内容。这样，一定程度上可以缓解顾客的不满情绪。

在该案例中，两位工作人员处理得当，尽管顾客过度维权，但是工作人员不能因为其投诉要求不合理，就对他爱搭不理，任其吵闹。假如工作人员没有把这位顾客劝到办公室，那么他在人流量大的超市大吵大闹，对超市造成的影响是非常恶劣的。所以，无论面对何种投诉客户，工作人员都要给予足够的重视。

其次面对这类过度维权的客户，商家能做的就是给予他足够的真诚。真诚地倾听客户的心声，真诚地为客户提供解决方法。无论是商家的失职引起了投诉，还是客户的误会造成的投诉，商家都要真诚地向客户道歉，平息客户心中的怒气。

在该案例中，超市的两位工作人员都及时地向顾客道歉，并且超市领导针对顾客的过度维权行为合理反馈，既打消了顾客想要借此讹诈钱财的想法，也提出了让顾客能够接受的解决方案。这个解决方案是从真心地为顾客解决问题的角度出发，所以得到了顾客的认同。

小提示

我们处理了一个投诉后，就应当在企业内部分析原因，为什么会遭到客户的投诉，是企业哪个部门没有做到位，是部门内哪个人的责任，要一步一步地查实到位，抓住问题实质，争取一次解决，保证下次不会再出现类似的问题。

“明知故投”型：利用“买假索赔”赚钱

2013 年修订颁布的《消费者权益保护法》与旧版本《消费者权益保护法》的一处不同是将以往的“退一赔一”修改为“退一赔三”，这表明了国家对保护消费者权益的重视，同时也提高了人们维护自身合法权益的意识。

周林在县城购买了一盒茶叶，花了 29 元。回家后，周林发现茶叶和外包装描述的不一致，怀疑买到了假茶叶。由于不是很确定，周林还找了村里懂茶叶的人问了问，证明茶叶确实有问题。周林本来打算返回超市去换，可是想到修订的《消费者权益保护法》中的条款，他就返回超市买下了货架上摆放的其他 19 盒同样会有问题的茶叶，20 盒茶叶共计花费 580 元。

下午，周林拿着购物小票去找超市负责人，要求超市赔偿他 3 倍的钱。

周林对超市负责人说："我在这儿买了 20 盒茶叶，发现茶叶与外包装不一致，你们是欺骗消费者。"

超市负责人说："您确定是在我们这儿买的吗？"

周林说："当然确定，我有购物小票。"

超市负责人说："您拿小票我看一下。"

周林说："给，确实是在这里买的。"

超市负责人说："没错，是在这里买的，但是也不能确定我们的茶叶就有问题。"

周林说："茶叶与外包装都不一样，你们不是欺骗消费者是什么？"

超市负责人说："那也不能说明我们的茶叶有问题，包装是厂家自己设计的，跟我们也没有关系。"

周林看超市不肯赔偿，便说："你们到底愿不愿意赔偿？若是不愿意我就去工商局告你。"

在该案例中，周林明知道超市售卖的茶叶可能是假的，还买了那么多，属于"明知故投"型，期望超市能够给他 3 倍的补偿。对周林的这种知假买假的做法，社会各界众说纷纭，有的人认为这种做法有助于监督商家，保护老百姓的权益，也有人认为这种行为不属于消费者行为，不应该受到法律的维护。

那么，面对知假买假的客户，商家应该如何应对？

第一，防微杜渐，防患于未然。商家对快过期的商品可进行促销，比如捆绑销售，混搭着正常日期的产品赠送。对已经过期的产品要及时下架，防止有人购买过期产品，杜绝知假买假然后敲诈勒索的情况发生。

第二，哑巴吃黄连，酌情赔款。如果商家确实存在销售过期产品或不合格产品的情况，客户要求赔偿，并声称若不赔偿，便要上告工商局或向媒体曝光，那么商家最好和客户好好沟通，说明原因，请求客户谅解，争取降低商家的赔偿额度。

小提示

赔偿以后，商家应该吸取教训，好好整顿自家商品，保证同样的投诉事件不会再次发生。商家应该以诚信经营为本，不能贪图蝇头小利，更不能因为大部分客户的隐忍，就放松了对自己的要求。

诈骗威胁型：不满足要求则媒体曝光

人们会对商家提起投诉，有时候不仅是因为他们想要讨回公道，为自己找个说法，还有的是故意提起投诉，对商家诈骗，商家若不满足其要求，他们就会威胁商家向媒体曝光。

郭洁是一家网上化妆品店的客服，2019年10月，她就遇到了一个威胁诈骗的客户。那天，一个魏小姐发来消息："你好，我前几天在这家店买了一盒莹润亮颜的泥面膜，使用之后发现我的脸非但没有变嫩变亮，还起了红疙瘩。"

郭洁："亲，我们的面膜都是正品，需要长期使用才会有效果。至于起红疙瘩，是不是其他原因引起的呢？"

魏小姐："怎么可能呢？我以前都没有起过这种红疙瘩，肯定是你家的面膜有问题。"

郭洁想了想，自己家的面膜从来没有出现过这种问题，这到底是怎么回事呢？不过，郭洁还是尽职尽责地回复客户："亲，不管是什么原因，您最好去医院检查一下，看看是什么问题。如果真是我们产品的问题，我们会给您一定的赔偿。"

魏小姐："还检查什么检查，就是你们面膜的问题，你们必须给我赔偿，否则我就告诉我的媒体朋友，让你们吃不了兜着走。"

郭洁一看，这不明摆着想要讹诈嘛，这该怎么办，还是请示老板吧。于是，郭洁回复："亲，您不要急，我只是说让您去检查。如果真是我们面膜的问题，我们会负责的。"

魏小姐："我不管，我的脸就是因为用了你们家的面膜才出的问题。如果你不给我解决，我让你们店再也开不下去，看看谁的损失大。"

郭洁看着这不讲理的客户，真是没办法，就把领导喊了过来。领导了解情况以后，回复客户："亲，不是您说我们的产品有问题，我们的产品就有问题，我们的产品是经过质量检测的。"

魏小姐："你们检测过了，那我的脸为什么会起红疙瘩？"

领导："所以我们才建议您去检查，我们的产品都有质量保证。如果您不信，可以拿着手里的面膜去检测。"

魏小姐："那就算了，你们是网店，谁有工夫陪你们去检测。算了，算我倒霉。"

郭洁看到这个客户下线了，对领导伸出了大拇指。

在本案例中，郭洁遇到的是典型的诈骗威胁型客户，我们应该如何应对这类客户，保证企业不受损失呢？

首先，对待这种以威胁诈骗商家为目的的客户，最根本的方法就是产品经得住检验，只要产品质量过硬，就能有效遏制某些居心不良客户的诈骗。"身正不怕影子斜"，说的就是这个道理。

就如该案例中的面膜，如果这家化妆品店的领导对自己的产品没有信心，那么就不敢斩钉截铁地让客户去找有关部门检验，相反，他会因客户提出的要求感到害怕而向这个威胁诈骗的客户妥协。所以，商家对自己经营的产品有信心才是应对这种客户投诉的最好办法。

其次，对待这种威胁诈骗类型的投诉，工作人员要保持冷静，冷静的状态让我们在处理问题时更容易看清事情的本质，从而抓住问题关键。一般，这种通过威胁骗取钱财的客户心理就是先扰乱客服人员的心智，一旦客服人员想到自己的产品可能出现质量问题，就可能感到恐慌，此时客户的威胁生效，诈骗可能实现。所以，客服人员一定要保持冷静。

最后，对待这种诈骗型的客户，可以对其晓以利害，给他讲道理。客服人员可以告诉他，如果能证明产品确实有问题，企业可以承担责任。但如果客户执意索要赔偿，却拿不出有效证据，那么企业就会采取法律手段应对他的威胁，陪他打官司，最终他非但拿不到钱，还会因为打官司损失时间和金钱，得不偿失。

就像该案例中的客户，因为她拿不出相关证据来证明脸上的红疙瘩是贴面膜所致，所以客服人员可以很强硬地告诉她执意爆料媒体的后果。所以，在有底气的前提下，客服人员可以采取比较强硬的态度。

第 7 章

投诉分类：有效 OR 无效、一般 OR 重大

商家接到客户投诉的情况一般是避免不了的，但是在处理客户投诉的时候，工作人员也不能不分轻重或者不管投诉是否属实就一刀切处理。工作人员在处理投诉的时候应该全面考虑，设置客户的投诉级别、投诉是否有效等准则。

受理范围：区分有效投诉与无效投诉

商家接到客户投诉，有时候确实是商家的问题，有时候却是一些客户寻衅滋事，投诉内容不合理，所以处理投诉的时候注意客户投诉的内容是否属实，是有效投诉还是无效投诉，不能因为害怕客户闹事，就委曲求全地满足客户的一切要求。

海南的一位金先生，在网上买了一根手机排线，估算含运费共计 85 元。金先生因为急着用，所以这几天一直密切地关注快递的情况。

这天，金先生下班回到家后就打开电脑查看自己的快递到哪里了，

谁曾想物流信息显示货物已经到达，签收者为本人。金先生非常纳闷，自己根本没有收到快递，拿起手机看看也没有未接来电，说明快递员没有给自己打过电话，这到底怎么回事？

金先生找到物流信息中的配送人电话，问他快递在哪儿？什么时候签收的？配送员说快件丢了，现在正在努力寻找。金先生一听，非常生气，自己马上就要用，而且再过两天就要去外地出差，现在的情况很可能耽误事儿，便说："你们把我的快递弄丢了，现在我非常急着用，你说怎么办？"

快递配送员刘敬说："我们也没办法，每天快递那么多，丢一件两件也很正常。现在我们已经抓紧时间在找了，如果找不回，会再给你补发的。"

金先生说："我不管你们补发不补发，我现在急着用，你们不确定是否是本人，就让别人签收了，这是你们的责任。"说着，金先生挂断电话，直接打电话到快递总部投诉快递配送员刘敬。

快递客服部首先向金先生道了歉，说愿意以最快的时间给金先生补发货品，免邮费发加急件。金先生想了一下时间，确认明天能到，就愿意撤销投诉。

这个案例中，金先生的投诉属于有效投诉，因为快递企业的员工确实没有按照签收规则办事，导致金先生的快递遗失。这个错误是快递企业造成的，金先生的投诉自然是有效的。

然而，有些投诉是无效的，工作人员应该迅速判断，然后做出决断。

北京双井附近的一家酒店，在2017年1月接待了一位客人，当时客人凌晨一点多的时候拉着行李箱入住酒店。服务员吴晓青告知这位客人李小姐，酒店只剩一间标准间，其他房间都已经住满。在李小姐交押金前，吴晓青还领着她去看了房间，李小姐表示同意入住。

但是，过了十来分钟，李小姐跑到前台说：“你们那个房间太小了，床也小，网还没法连。我不想在这儿住了，把钱退给我。”

吴晓青说：“李小姐，网的问题我们可以给你解决，但是房间是您自己刚才看好的，钱退不了。”

李小姐说：“那就给我换一间。”

吴晓青说：“不好意思，刚才就跟您说了，现在房间已经住满了。”

李小姐说：“那我不管，你现在就给我退钱。不行就把你们经理叫来，我要投诉你。”

吴晓青觉得很无奈。经理来了之后表示，李小姐因为已经用过房间里的物品，所以不能全额退款，只能退一部分，而且经理没有批评吴晓青。

这个案例中，李小姐的投诉就是无效投诉，因为她的要求不合理，而吴晓青是完全按照酒店管理条例办事的。

小提示

处理投诉的人员，在处理客户投诉时，虽然要考虑维护客户的利益，为企业留住客户，但前提是分清投诉是否有效，既要考虑客户的需求，又要最大限度地保护企业的利益不受伤害。

投诉级别：轻微、一般、重大

投诉有级别之分，相关人员处理客户投诉时，应该明确客户的投诉内容属于什么级别，以此确定自己的权限是否可以处理该投诉。如果发现自己的权限不足以处理该投诉，就应该及时向上级汇报，以免跟客户纠缠了很长时间，却不能解决问题，让客户失去耐心而使投诉升级。

吕先生2023年3月到南京出差，入住工作地点附近的一家四星级酒店。酒店的服务员很热情，设施也比较齐全。三天后，吕先生在南京的工作结束了，就准备退房回广州。结账的时候，前台接待员管彤彤为吕先生做了信用卡授权，并告诉吕先生解冻的金额会在1～3个工作日退还到他的账户。

当时，吕先生觉得这么大的酒店，信誉应该没有问题，也就没有多想，就回了广州。

回去以后，吕先生交接工作，写报告，忙得不得了，也就没注意住酒店的钱是否返回了账户。周五，吕先生忙完了，就查了查自己的信用卡。没想到，钱还没有返回来，吕先生觉得自己受到了欺骗，马上打电话给那家酒店。

吕先生说："您好，我是前几天在你们那入住的客人。"

酒店接待员管彤彤说："您好，请问有什么需要帮助的？"

吕先生说："当时结账的时候，你说我信用卡里的钱解冻后会在1～3个工作日返还到我的账户，但是现在已经五天了，怎么还没有返回来？"

管彤彤说："按理说应该已经返过去了，您查了没，是不是信用卡的问题？"

吕先生说："我的信用卡怎么会有问题？你能解决这个问题吗？如果不能，就把你们经理找来。"

管彤彤说："这……你找我们经理也没用啊，这是系统自带的问题。"

吕先生说：“我不管，现在把你们经理找来，给我看看什么问题，不然我就去投诉你。”

管彤彤说：“好吧，您稍等。”

一会儿，酒店经理接起电话，对吕先生说：“您好，我是酒店的经理，您的问题我已经知道了，您给我几分钟，我给您查一下，您不要着急。”

吕先生说：“好吧，还是经理权限大，早该让你来了，刚才那个服务员什么都不懂，还说我的信用卡有问题。”

经理说：“吕先生，您别急，刚才我查了，我们这边正在升级系统，账户金额返还的时间推迟了几天。”

吕先生说：“那你们为什么不通知我？让我白白等着。”

经理说：“对不起，吕先生，这是我们工作上的失误，真是不好意思。您放心，系统今天下午6点就能升级成功，我们一完成，就马上把钱给您退回去，我会及时打电话通知您的，您不用担心。”

吕先生说：“那好吧，不过你们刚才那个接待员应该好好培训了，她不知道怎么解决问题。”

经理说：“好的，好的，吕先生说得对，我们一定好好培训。”

这个案例属于一般投诉，它涉及的是接待员服务态度问题，接待员收到客户投诉后，应该及时上报处理，但她却推诿客户的信用卡出了问题，这种做法是不可取的。

那么该怎样区分轻微投诉、一般投诉和重大投诉呢？标准是什么？

轻微投诉主要就是因为服务人员的服务意识、为客人提供的服务产品出现问题，但是在服务态度和领导的管理意识上没有出现差错，一般来说，没有给企业造成太大的负面影响。

一般投诉就是商家在主观上存在错误，包括服务设施出现问题给客户造成不便，服务人员态度恶劣没有服务意识，服务产品也没有达标等，其中任何一项问题引起客户不满，而且损害了商家的形象，造成了负面影响。

重大投诉就是商家在服务设施、态度、意识和产品等多方面存在严重错误，领导的管理水平和管理意识也有所缺失，引起客户强烈不满，商家不仅要承受经济损失，企业形象也受到严重影响。

小提示

工作人员遇到自己不能解决的投诉要及时上报领导，这样才是快速解决投诉的最好办法。

投诉方式：来访、来电、来函、E-mail、网站专栏

商家遭到客户的投诉当然不是愉快的事，但是从另一个角度看，客户的投诉却是商家提高服务和产品质量的机会。为了更大限度地接收客户的投诉，方便商家尽快为客户解决问题，提升企业形象，有的企业设置了多种接收投诉的方式，比如：来访、来电、来函、E-Mail和网站专栏等。

河南新乡牧野区的一位胡女士，想要将一包食品送到四川。胡女士的儿子今年刚去那里当兵，儿子走了半年了，胡女士对儿子甚是挂念，上次儿子打电话说想吃家里的大饼，胡女士就专门买了面粉给儿子做了几张饼。

胡女士把饼做好以后，好好地包了起来。她去附近的快递企业，问从新乡到四川发快递大概要多长时间。快递企业的人说两天就能送

到了，胡女士本来担心时间太长，大饼就坏了，两天的话就没有问题，到了四川儿子还是能吃的。

过了两天，胡女士给儿子打电话问饼送到了没有，儿子说没收到。胡女士也不知道在手机上怎么查询快递的物流信息，就直接跑到快递企业问。

工作人员任红夏回答说："快递还有两天才能到。"

胡女士听了就有点生气，说："当初不是说两天就能到嘛，现在怎么还要两天才能到？"

任红夏说："因为运输途中有个地方遭遇特大暴雨，所以那个地区的快递都无法运送。"

胡女士听了，也知道是自然原因，没办法，就说："你们当时怎么没说有这个因素啊？早知道我亲自给我儿子送去了，现在就算到了，我儿子也吃不上了。"胡女士的声音听起来很沮丧。

任红夏说："您给您儿子送的啥啊？应该不会那么快就坏了吧。"

胡女士说："我给儿子送的是大饼，他想吃咱们这边的大饼了。"

任红夏看了胡女士几眼，觉得自己也没有办法，就说："没事，也许明天雨就停了，很快就能到，您儿子一定能吃上的。当妈的就是疼儿子。"

在这个案例中，胡女士这种直接来企业投诉的属于来访投诉。虽然快递没到是因为自然原因，但是快递企业应该提前告知胡女士意外情况可能发生。

不过快递企业的员工任红夏在处理胡女士投诉时的表现还是值得学习的，能够站在客户的角度倾听、安慰客户。

那么，应该如何处理不同方式的投诉呢？

1. 客户来电投诉的处理

首先就是倾听，倾听对方的抱怨，倾听对方的问题，站在对方的角度安慰对方，利用声音表达对客户的理解和支持。

其次，询问客户投诉的具体事件，了解客户的不满。

最后，如果条件允许，可以把客户的抱怨和不满录音存档，以备不时之需。

2. 来函投诉的处理

首先应该做的就是回复客户已经收到信函，向客户表达解决问题的态度和快速处理问题的意愿。

表达意愿之后，告诉客户联系电话，方便以后沟通和联系。

3. 来访投诉的处理

倾听客户的抱怨，并适当表示对客户的理解和支持。

根据客户的投诉，填写“客户投诉记录表”。填写完毕后，向客户确认表中的内容，特别是客户的名字、地址和联系方式。

告诉客户投诉处理的时间，以免客户等得不耐烦。

尽快解决客户的投诉问题，把握时间，在处理过程中不要给企业造成负面影响。

客户投诉的问题处理完毕后，要及时通知客户。

小提示

无论处理哪种类型的投诉，都要注意措辞，不要因为言语上的不慎招致客户更大的不满。

基本程序：受理、转发、处理、记录

商家避免不了被客户投诉，但并不清楚客户何时会来投诉。有时候客户来得气势汹汹，根本不给你思考应对的时间。所以，为了避免客户来投诉的时候出现手忙脚乱、不知所措的情况，掌握投诉处理的基本程序还是很有必要的。

一位名叫袁冬冬的客户在商场买了一双运动鞋，之后她跑到商场的投诉处理处要求换鞋子。她说："你们商场卖鞋子的人说必须到你这儿来登记，他不给我换，我要投诉他。"

处理客户投诉的刘莹莹说："您买的运动鞋怎么了？"

袁冬冬说："磨脚，脚都快磨破了，没法穿。"说着还让刘莹莹看她的脚，确实都红了。刘莹莹想："按理说应该给这位客户换鞋子，但是鞋子都穿过了，还怎么换？何况这事自己也做不了主。这该怎么办？"不过，她还是对客户说："袁小姐，要想处理这个退货的问题呢，您需要填一个表，然后我们才能给您往上报，处理这件事。"

袁冬冬说："填什么表啊，当时我问那个卖鞋的人鞋子会不会磨脚，他说不会，但是现在呢，我的脚都肿了。"

刘莹莹说："您买的鞋子可是名牌的，一般情况下是不会磨脚的。是不是您自己走路的问题，不适合这双鞋？"

袁冬冬说："你不要胡扯，我的脚怎么会有问题，你会不会说话啊？"怒气上涨，袁冬冬的嗓门也一下子提了上去，周围的人都往这边看。商场的马经理正好在附近巡场，听到这边有吵闹声赶紧过来。了解情况以后，马经理对袁冬冬说："袁小姐，您看您的脚都红了，咱们去我办公室坐着说，怎么样？"

袁冬冬说："看你挺和气的，那好吧。"

马经理把袁冬冬带到办公室以后，倒了杯茶给她，说："袁小姐，是这样的，我们处理退货确实需要填表格，但是填这个表格没有其他目的，就是记录您的情况和联系方式，因为解决这个问题，我们需要一点时间，但是我们不能一直耽误您的时间，您说是不是？我们请您填这个表格，就是方便处理后联系您。"

袁冬冬感觉他说的有道理，就把表格填了。

马经理向袁冬冬解释说："您的情况我们已经了解了，我们会尽快联系卖家核实情况，一处理好问题，就马上给您打电话，您看可以吗？"

袁冬冬觉得自己一直在这儿耗着也无济于事，就说："好吧，希望你们能够快点给我答复。"

马经理把袁冬冬送走以后，把刘莹莹训了一顿，说她不应该把事情闹大，这给商场带来非常不好的影响。

后来马经理把那个投诉记录表上的信息及时告知了销售经理，对问题做了解决。

在这个案例中，马经理的劝说方式值得学习，而且处理投诉的流程也把握得很好。那么，处理客户投诉的基本流程有哪些呢？处理的时候应该注意哪些内容呢？

1. 受理客户投诉

工作人员接到客户投诉以后，应该先填写"投诉记录表"，将客户的基本信息、投诉内容和客户的投诉需求填写上去。

需要注意的是，如果客户非常生气，没有耐心填表，那么工作人员可以先安抚客户，或者把客户引离公共场所，等客户冷静下来之后再请其填表，千万不可死板，不知变通。

2. 转发投诉

记录了客户的投诉信息以后，应将信息及时转给相关领导，然后由领导把任务分发下去，及时解决投诉。

3. 处理投诉

相关领导把投诉消息分发给相应的负责人后，负责人查明情况，无论投诉是否属实，都应该尽快与投诉客户联系，并妥善应对。

处理以后，根据需要对客户回访调查，以免客户再次产生不满。

4. 记录投诉案例

处理客户投诉完毕以后，应该对投诉案例分类归档。把这些投诉案例记录在册，可以在每周或者每天的例会上通报，让工作人员引为借鉴，减少投诉的发生。

小提示

掌握基本的客户投诉处理流程，才有可能熟练地应对客户的投诉。

基本原则：隔离、冷静、中立、先心情后事情

为了快速有效地处理客户投诉，工作人员不仅需要熟知解决投诉的基本程序，还要懂得一些处理客户投诉的原则或方法。没有正确的方法会让事情变得更加糟糕。

郑秀虹和丈夫章福山在一家专门卖电器的大商场买了一台冰箱，花了6599元。冰箱送到家之后，两人发现这台冰箱和他们在现场看到的不一样，少了一个电脑板。

他们记得营业员介绍产品的时候说，那种8199元的冰箱跟这个6599元的冰箱几乎没什么差别，只是便宜的这台冰箱比贵的冰箱少了一个软冻抽屉。但是现在一看，这两台冰箱差得太多了。

于是，郑秀虹和丈夫来到商场大闹，说商场欺骗客户，并扬言："我不怕你们，既然你们敢欺骗消费者，我就要为消费者维权，我要把你们的做法曝光给媒体。"

当初卖给他们冰箱的营业员段冰，看到这个情景吓得不得了，赶

紧打电话请来吴经理。段冰向郑秀虹夫妻介绍："这是我们吴经理，你跟他说吧，我管不了你们这事儿。"

丈夫章福山说："什么吴经理，找谁都不管用，我一定要曝光你们欺骗消费者的行为。"他越说越生气。

吴经理笑着说："章先生，你看天气也挺热的，先到我办公室喝口水，好吗？"

章福山生气地说："喝什么喝？你把问题解决了，就什么事都没有了。"虽然他说话还是很冲，但是比刚才明显轻柔了许多。

吴经理看客户的口气有所松动，就做了一个邀请的姿势，这时妻子看了丈夫一眼，两人和吴经理去了办公室。在去客服办公室的路上，吴经理对章福山说："先生，你看，真不好意思，给你们添麻烦了。"

章福山说："没什么麻烦不麻烦，只要把问题给我们解决了什么都好说，否则我一定会曝光你们。"

吴经理说："先生，您是做什么工作的啊？"

章福山说："别管我是干什么的，现在我是消费者，被你们欺骗的消费者。"

他们三个人来到了客服办公室。吴经理对他们说："这冰箱的介绍确实是我们营业员的错误，可是这两台冰箱差价是1600块钱，实在太多了。"

妻子郑秀虹态度坚定地说："我不管，你们介绍错，不是我们的责任，现在你们是单方面加价，我是一毛钱也不会加的。"

吴经理说："女士，我不是想让你们加钱。首先，我们犯了错，肯定是要承担责任的。这家企业是一家上市公司，钱也都是股民的钱，所以这钱不能让企业出。我作为经理，对下属的管理不到位，惩罚500元，刚才给您二位介绍冰箱的那个营业员介绍不当，他承担500

元。可是，那位营业员也是刚来这边上班的，第一个月的工资现在还没拿到手……”吴经理欲言又止，看了一下章福山，又看了一下郑秀虹。

郑秀虹对丈夫章福山说：“老公，咱们再出1000块钱算了，咱也不是那铁石心肠的人。”

章福山说：“那好吧，我们就再出1000块钱。”

事情和平解决，在这个过程中，吴经理处理得十分得当。总的来说他遵循了以下的解决步骤。

1. 隔离原则

客户投诉，可能在客户密集的区域大闹，客户这是抓住了商场工作人员不想闹大的心理，所以，为了防止投诉客户影响其他客户，处理投诉的工作人员应尽快地将他们引到人流量少的区域。

就像吴经理做的那样，把投诉客户劝说到客服办公室，避免投诉客户对商场造成不好的影响。

2. 冷静原则

一般来说，投诉客户认为他们遭受到了不公平的待遇，所以他们的情绪可能十分不稳定，甚至说一些粗话、刺耳的话，这个时候，处理投诉的人员不要因为客户的这些言语就失去理智，与客户对着干，这是非常不明智的做法。

正确的做法应该是冷静处理，无论客户的情绪怎样，投诉处理人员都要保持镇定。

3. 中立原则

客户的情绪暴躁，可能对某位工作人员说一些十分难听的话，这时工作人员要学会转移处理，这件事情是公事，要秉着中立的原则处理客户的投诉。

4. 先处理心情后处理事情

客户认为自己遭遇了不公的待遇，不管这些遭遇是工作人员的问题，或者是客户自己的问题，总之客户心情肯定不好。接待投诉客户的人员，首先应该做的不是解决客户的问题，而是认真倾听，安慰客户，也就是说要先处理客户的心情。只有客户的心情好了，他才可能听得进去接下来要说的解决方法。

小提示

掌握投诉客户的心理，然后遵循隔离、冷静、中立和先心情后事情的原则去处理投诉，相信问题就能迎刃而解。

登记表：投诉 / 退货 / 索赔处理表

处理完客户投诉以后，需要记录详情上报领导并以此为鉴，填写相关表格都是必需的，例如投诉处理表、退货申请表和索赔处理表。如果不做相关的登记，若在处理投诉过程中涉及钱款的赔偿，那么可能引起一些本可以避免的纠纷。一家管理制度健全的企业不应该不考虑这些问题。

某天下午 6 点半，商场里人来人往很热闹，有的员工在招呼客户，有的员工在通道上整理商品，这些商品挡住了一些客户的路。张梅和朋友裴雪玲一起来商场购物，为了买条新鲜的鱼，她们来到了鲜鱼档，鱼的品种不少，价格也适中。

张梅在拥挤的人群中，好不容易捉了一些虾，大概有两斤。她的朋友裴雪玲，抓了两条鱼，一起去鱼档计量处。没想到，她们高高兴兴地来购物，却遭到计量处服务人员的冷漠对待。刚开始，张梅对服务员说："您好，帮我称一下。"服务员面无表情地称了称，张梅看她服务态度不怎么好，但想着不好就不好吧，也不想找那么多事。但是看到裴雪玲让另一个服务员称鱼的那画面，她真是彻底控制不住火气了。

朋友裴雪玲对服务员说："我的鱼要杀。"但是服务员好像没听见，直接用封口机封口，把条码贴上去。裴雪玲急了，说："我的鱼是要杀的啊。"服务员一脸不耐烦的样子说："要杀鱼，怎么不早说，又是这样，真是烦死了。"可是裴雪玲明明已经告诉过她了。就算服务员没听见，她可以说："不好意思，我刚才没听见。"而不该是这种嫌弃、不耐烦的样子。

张梅拉着朋友就直奔商场的投诉点，告诉接待员，说她们要投诉。只见接待员不急不慢地拿出来一张投诉记录表，说："你们要投诉，先把你们的基本信息填一下吧，处理好了，会通知你们的。"

张梅看到这种情况气得不得了，说："你们这是什么服务，就你们这服务质量，简直差到了极点。我要向媒体曝光，你们刚才的所作所为，我都已经录像了。"她拉着朋友气冲冲地走了，接待员不知所措，自言自语地道："我哪里错了吗？投诉就是要填写投诉表啊。"

在这个案例中，商场的工作人员没有把客户放在第一位，更没有急客户之所急。接待员面对客户投诉的时候，事不关己的样子更是把客户推到了大门之外。即使填写表格是规定，也必须先让客户情绪稳定下来，才能接着办事情，所谓的"先心情后事情"就是这个道理。

客户填写投诉记录表，包括填写退货处理表或者索赔处理表的时候都应该注意什么呢？

第一个是日期，无论是什么表格，一定要注意时间，在填写表格当日就应该把日期填写上，不可忘记。因为有的时候问题比较严重，需要层层上报领导，那么解决问题的时间周期就会很长，如果不知道事情发生的日期，很可能延误问题处理时间。

第二个是客户的姓名和联系方式，这两项信息可确保问题的处理情况能够及时反馈给客户，以免客户着急而进行第二次投诉。

第三个是投诉事件产生的原因，以及客户的要求，这两项也需要记录详细，因为这件事很可能需要上报领导。如果领导不知道问题的起因以及客户要求，就无法及时做出相应的解决方案。

小提示

无论是退货、客户投诉或者索赔，都应尽量迅速解决，不要拖拖拉拉，否则可能再次引起客户的不满，再一次损害企业形象。

职位权限：销售经理 <2000 元；2000 元 < 副总 <5000 元；总经理 >5000 元

有的时候对投诉的处理，可能涉及客户办理退款业务或者对客户进行赔偿，这种情况下，如果处理投诉的人员没有权力允诺客户，那么就需要根据不同的金额上报给不同的领导层处理。

2020 年 1 月，蔡凌云在一家商店买了一套品牌打印机的配套墨盒，黑色和彩色的各一只。由于彩色的当时用不着，就一直放在家里。春节过后，她在使用彩色墨盒的时候发现橙色打印出来是粉色，黄色几乎没有，打印出来的颜色是断断续续的，打印质量十分差。

于是，蔡凌云就去那家商店要个说法。商店的柜员说：“您购买的商品现在已经转到另一个柜台了。”蔡凌云就去了另一个柜台，得到的说法却是：“墨盒的墨水在里面，我们也没办法做售检，而且您购买的不是原装的，所以这个问题没办法解决。”

蔡凌云没打算退货的，一听这样讲，就知道这家商店根本不想承担任何责任。于是蔡凌云说：“黑色的墨盒我已经用过了，就不退了。这个彩色的墨盒我不要了，你们退给我钱。”

柜员说：“您要退货，就先填一个退货申请单，我们核实以后，会跟您联系。”

蔡凌云怒气冲冲地说：“填什么单子，我就是在你家买的，看，这是我的购物单。幸亏我还留着，否则你们一定会不承认。”

柜员说：“女士，您不能这样说，是我们的产品就是我们的产品，我们就会负责，但是不是我们的产品，所以我们需要时间来确认。”

蔡凌云说：“那你们什么时候可以确认？什么时候把钱退给我？我是一秒都不想在你们店里待着了。”

柜员说：“女士，您着急也没办法，一切都得走程序，我必须上报我们的销售经理，他才能给出具体的解决方案。”

蔡凌云看柜员态度坚决，便说：“好吧，你们尽快处理，别再耽误我的时间。”

柜员说：“好的，我们会尽快处理您的问题，处理结果一出来，我会第一时间通知您。”

蔡凌云说：“那大概什么时间能够处理好？明天可以吗？”

柜员说：“明天恐怕不行，不过我们会尽快处理。”

柜员在客户走了以后，对客户的姓名、电话、家庭住址等基本信息进行了确认，又对货物信息进行了登记，然后上报给销售经理。

在这个案例中，柜员为什么还要上报销售经理，不能做主直接退钱给客户吗？答案是否定的，因为企业一般有规定，不同的领导职位有不同的审批权力。在有的企业，退货商品金额在 2000 元以下的可以找销售经理审批；退货商品金额大于2000元小于5000元的可以找企业的副总审批；若是退货商品金额大于5000元，就必须找总经理批准，才可退货。

这只是一种退款处理模式，不同的企业根据不同的销售情况和企业的有关规章制度会做出不同的解决方案。

小提示

熟悉企业的相关规定，不在自己权力范围内的一定不要擅自做主答应客户，否则可能引起更大的麻烦。

第 8 章

处理策略：不逃避、不推诿、给结果

处理客户投诉时，工作人员首先态度要十分友好，然后秉着为客户解决问题的原则，及时高效地处理问题。在处理过程中，尽量做到不逃避、不推诿、不与客人争辩，并且在为客户解决问题的前提下维护企业的利益。

快反应：30 分钟内处理，及时响应

客户投诉时，一般情况下情绪都比较激动，在这种情形下工作人员抓住问题的核心，迅速为客户解决问题是保护企业形象、重塑客户对企业印象的重要一步。所以，接到投诉后，工作人员要迅速处理、绝不拖延。

最好不要对客户说“请您等一下”，因为客户来投诉时心情肯定不太好，而且又不知道问题能否得到有效解决。为了稳定客户情绪，此时工作人员一定不要让客户等待。

2022 年 9 月 15 日，某食品厂客户服务部接到代理店的电话，说是有客户投诉该厂的食品不卫生，小孩吃了之后上吐下泻，已经被送到医院。

食品厂客户服务部接到电话以后，立刻联系主管，相关部门的主管紧急磋商后，决定派一小队工作人员去检查核实出问题的食品，确认投诉情况是否属实。

工作人员经过调查发现，原来在附近工作的闫先生晚上回家的时候买了该厂的食品，闫先生的儿子小涛吃了之后没多久就开始呕吐和腹泻。工作人员将调查情况上报厂领导，厂领导确认投诉内容属实，立刻派客服部主管李夏林去看望小涛，并支付医药费。

几天后，厂领导又带着水果与补品去看望小涛，考虑到小涛的爸爸妈妈都要上班，还特意请了专职护理人员精心照顾孩子。不仅如此，厂领导还让客服部主管李夏林去联系院长，请求给小涛安排最好的专家医治。

就这样，经过精心的照料和治疗，小涛很快恢复了健康。厂领导派人接小涛出院，把小涛送回家。该食品厂领导用心处理问题，闫先生都看在眼里，觉得他们很负责任。令他没想到是，小涛回家之后，客服部经理还送来了一笔补偿金。

闫先生觉得该食品厂能够快速有效地解决问题，没有对投诉的客户百般推诿，所以闫先生主动把医院的化验单交给了李夏林，并且承诺以后不会再找食品厂索赔，而且不会对外宣扬，给食品厂造成负面影响。

在这个案例中，食品厂能够对客户的投诉迅速地做出决断，并且立刻行动起来补偿客户。这不仅让客户感受到食品厂的诚意和对客户的尊重，还消除了该事件对食品厂形象的伤害。试想一下，如果食品厂不承认，不负责，闫先生又会怎样处理呢？也许是向当地的工商局举报，也许是向媒体曝光，前者可能禁止食品厂再生产，而后者可能让该食品厂遭遇生存危机。所以，快速有效地积极回应客户投诉才是良策。

实际上，企业应该正确看待客户的投诉，妥善处理客户的投诉不仅能够避免投诉给企业带来的麻烦，更能够挽回客户对企业的信任，进而维护企业的良好形象，让“危机”转化为“契机”。

小提示

快速有效地处理客户投诉，会让客户感觉到企业的诚意和对客户的尊重，还可以消除客户的负面宣传对企业形象的伤害，进而避免损失企业利益。

有态度：不推诿，不高调

有的工作人员在处理客户投诉时，出于侥幸心理，以为可以逃避对客户的赔款、退货等赔偿，会对客户推诿说不是企业的问题或者以其他理由打发客户，但是这种做法是很危险的，因为大多数客户会为了自己的正当利益抗争到底。所以，处理客户投诉不推诿、不高调才是正确的态度。

客户投诉，一方面是客户需要解决产品或服务问题，另一方面是要发泄怒气，所以投诉的时候带有不良的情绪或恶劣的态度。那么，解决客户问题时，客服人员要注意两个方面：第一个是安抚客户，把客户请到专门处理问题的地方，不打扰其他客户；第二个是面对客户提出的问题要尽快地给出响应，不能推来推去。

上海的一家空调服务中心，来了一位叫姚明光的女士，她45岁左右。刚进来的时候她怒气冲冲的，质问总台的服务人员徐如意：“你们企业负责安装空调的韩师傅在哪里？”姚女士的一声质问，引来旁边其他客户的注目。

服务台人员徐如意连忙问：“有什么事情可以帮您？”

姚明光说：“早上韩师傅给我家安装的空调质量太差了，我要退货。”

徐如意一边从柜台里走出来，一边对姚明光说：“您不要着急，有什么问题我们都会给您解决的。”然后继续说：“女士，您看这天气也挺热的，咱们到那边办公室，你喝口水，咱们慢慢说。”

姚明光面对这名一直笑的服务人员，也不好再盛气凌人，便和徐如意一块去了办公室，在路上她告诉徐如意：“家里早上安装的空调，开机运转了没多长时间就停止运转，之后再怎么按开关，空调都没有动静。所以，我觉得空调质量有问题。”

徐如意没有反驳姚女士，而是对姚明光说：“女士，您先喝口水歇歇，我这就联系韩师傅，让他跟您一块回家看看好不好？如果真是空调的问题，我们企业肯定会给您处理的。”

姚明光想了想，说：“好吧，那你尽快，这天气太热了。”

徐如意说：“好的，您稍等。”

徐如意打电话请韩师傅过来，陪姚女士一起回家检查空调。

韩师傅检查发现，原来是姚女士家专用空调的电源开关保险丝容量有点小，不能承载空调运转，保险丝烧断了。韩师傅给姚女士家换上大号的保险丝后，空调就能正常运转了。

姚明光知道不是空调的质量问题，非常感谢韩师傅，而且还打电话告诉徐如意：“谢谢您，现在我家的空调好了。真是给您添麻烦了。”

徐如意说：“没事，没事，这都是我们应该做的，以后您有什么事情，都可以打电话过来，我们会派人帮您解决的。”

姚明光说：“那真是太好了，谢谢！”

在这个案例中，客服人员徐如意面对怒气冲冲的客户，没有反驳，而是先安抚客户，把客户带离人群集中的大厅，问清事由后，采取措施，没有推诿责任，最终赢得了客户对企业的良好印象。

总的来说，客服人员要认真为客户着想，本着不高调、不把投诉闹大的原则，把客户的投诉当作企业完善服务和提高产品质量的契机。

小提示

低调处理问题的准则，不推诿责任的态度，是有效解决问题的重要原则。

有分析：倾听客户诉苦并记录下来

在投诉的时候，无论是在电话里还是在现场，客户一般会情绪激动、对客服人员不客气，甚至有时候还会出口讽刺或辱骂客服人员。这个时候，如果客服人员处理不当就可能使事态升级。

一位叫鲁昕怡的女客户到自家附近的一家理发厅理发，并在理发师的劝说下染了头发。但没想到的是，发型师在为鲁昕怡染头发的时候不慎把染发剂弄到她的衣领上了。于是，鲁昕怡向理发厅老板投诉。

鲁昕怡说：“老板，你们发型师太不小心了，给我的衣服上弄了颜色，这件衣服是我男朋友在韩国给我买的生日礼物，是我最喜欢的一件衣服，而且很贵的，现在弄上颜色了，根本没法穿了，我上哪儿再去买啊？都是你们发型师不够专业，非劝我染头发，现在把我衣服弄脏了，你说怎么办？”

老板听了连忙向鲁昕怡鞠躬道歉，说：“真是对不起。”抬起头来，正好看到鲁昕怡今天佩戴了一条非常精致的项链，于是继续说：“啊，您的项链真不错，真好看，衬托得您气质更好了。您是在哪儿买的？我太太快过生日了，也想给她买一条。”

鲁昕怡摸了摸项链，说：“真的吗？这也是男朋友送的。”然后鲁昕滔滔不绝地讲起这条项链的故事来。

老板也一脸认真地听着，时不时地问上一个问题。

到最后，鲁昕怡根本不提衣服的事情了，还是理发厅老板主动说把她的衣服送到干洗店，鲁昕怡满意地回家了。

在这个案例中，理发厅老板认真倾听客户的抱怨，采用转移法来弱化客户的投诉。理发厅老板还采用赞美的方法来处理危机，要知道，赞美是取悦女性的有效办法，如果客服人员能够恰如其分地赞美，就能够获得她们的好感，进而为解决问题打好感情基础。

为了解决客户的投诉，倾听客户的心声，必要的时候记录下来才是一条佳径。

第一，从倾听开始，倾听有助于解决投诉的问题。在倾听客户投诉的时候，应该注意客户诉苦的内容及其语调和音量。从这一步开始，抓住客户抱怨的主要问题。

第二，认同客户的感受，这一步就是对客户表现出来的失望、愤怒、不甘等情绪表示理解，认同并尊重客户的情绪。

上面案例中，理发厅老板听到鲁昕怡的抱怨后，可以说：“鲁小姐，对不起，我现在非常理解您的感受。”这样做对平复鲁昕怡的情绪也是很有帮助的。只有客服人员与客户的感情同步，才有可能找出最佳的解决方式。

第三，引导客户思绪。在解决客户投诉的时候，适当引导客户的思绪，化解客户的怒火，十分有助于问题的解决。

例如，理发厅老板赞美客户的项链，转移了客户的愤怒思绪。但是使用此方法的时候应该注意客户的性格类型。如果是特别理智、对事情有独特见解的人，此法不可用。

小提示

有时候，客户希望处理问题的客服人员不仅能为他们解决问题，还能多听听他们的倾诉和抱怨。

有原则：摆事实，讲道理，态度诚恳

客户的投诉有时候会出现在销售中，这样的投诉如果处理得不好，很可能不利于销售的正常进行。还有的投诉发生在销售后，这样的投诉看起来没有销售中出现的投诉紧急，但是若不能及时处理，就可能出现客户找上门来或者直接向媒体曝光的严重后果。

一位看起来40岁出头的中年女性客户金欣荣在西饼店自选产品，因为金欣荣对食品夹使用的方法不对，连续夹了两次葡式蛋挞都夹碎了，但是她并没有停下来询问店员，更没有表示歉意，反而想继续夹。

旁边的女导购员高英琪是一名入职两个多月的员工，极富责任心，但是由于工作时间不长，她的交流能力不是很好。当她看到那位女客户还要继续夹蛋挞的时候，便走上前去说："您不会用食品夹，我来给您说说好吗？"

金欣荣看了高英琪一眼，接着夹碎了第三块蛋挞，而且带着赌气的意味。

高英琪直接对客户说："这三块蛋挞您都夹碎了，所以您要么赔偿，要么买走带回家。"

金欣荣反驳说："你们什么时候有这条规定了，在哪里贴着，我怎么没有看到？"

这时领班周毅杰看见了，走过来，了解事情经过以后，对金欣荣说："算了，算了，这次就不让您赔了，下次您再不会用，请找工作人员帮忙。"

金欣荣说："你们这个导购员说话太难听，你要让她给我道歉。"领班周毅杰一听，认为这本来就是客户的错，怎么能让别人道歉，就没有同意。

金欣荣说："你们店的服务真是差劲，东西我不买了，我还要告诉别人也不要来你家买东西了。"

本以为事情就这么结束了，但是就在金欣荣走出店门的时候，领班周毅杰忍不住对着金欣荣的背影说了一句："哼，没钱就别来买东西，在这跟谁装呢？"谁知这句话让金欣荣听见了，她立刻返回来，大声地说："谁没有钱啦，你们谁说的？！"说着还把钱扔在收银台上，大叫："这不是钱是什么？"

金欣荣要了店长的号码，准备打电话投诉。

其实，领班换一个角度去解决问题，给客户好好讲道理、摆事实，情况就不会这么糟糕。比如领班周毅杰可以这样做。

周毅杰笑盈盈地对金欣荣说："您好，我是这里的领班，蛋挞夹碎不是您的问题，是我们的责任。"然后一边说一边拿起食品夹和托盘，对导购员高英琪说（实际上是对客户说）："我们的工作人员没有及时把夹蛋挞的方法告诉客户是我们的失误。"然后轻描淡写地把话题转到其他事情上去，既能缓和紧张的气氛，还借此机会给新员工上一课。最重要的是，这样做既给客户一个台阶下，保全了客户的面子，也通过讲述食品夹正确的使用方法避免了一起即将发生的投诉事件。

面对抱怨、投诉时，服务人员对待客户的态度是否妥当十分重要。在这个案例中，新员工高英琪的服务素质和服务技巧没有到位情有可原，但是拥有丰富经验的领班却把个人情绪带到工作中，这是对待客户时非常忌讳的一点。

小提示

为客户摆事实、讲道理的过程中，一定要注意说话的方式，不要伤及客户的面子。

有结果：关注对方关心的，给予对方在意的

投诉的客户一般都希望自己的问题可以得到快速有效的解决，因此处理客户投诉的工作人员只有关注客户的需求，才能让对方满意而归。如果工作人员根本不在意客户的真实想法，客户的问题又怎么能得到解决，投诉又怎么会画上句号呢？

2019 年 2 月的一天，北京一家酒店深夜一点接到一位女士来电，要求把电话转接到 5115 房间。正在值班的话务员常倩茹以为这位女士半夜打电话有急事，立刻将电话直接转入 5115 房间。

没想到的是，第二天早晨，5115 房间的郑小姐打电话向这家酒店的大堂经理袁帅投诉，说："你们的话务员怎么回事？昨天晚上大概凌晨一点，有人打电话，根本不是找我的，你们话务员也不问清楚，搞得我没睡好。"

大堂经理袁帅先是对郑小姐说："真是不好意思，今天如果您没什

么事的话，可以一直在房间休息，我们酒店平常要求客人下午2点退房，因为我们的失误，您没有休息好，您可以在酒店免费休息到下午7点，您看可以吗？”

郑小姐本来就没有休息好，昨天晚上12点才入住酒店，所以对大堂经理的这个提议还是认可的，就说：“好吧，不过你们下一次再转接电话请务必问清楚以后再转接，免得给客人带来麻烦。”

大堂经理袁帅说：“是的，我们一定注意。郑小姐，现在楼下提供免费早餐，您可以吃完早餐再继续休息。”

郑小姐虽然不想吃早餐，但是对酒店的服务态度勉强满意，说：“谢谢了，我现在不想吃早餐，就想继续睡觉。”

袁帅说：“那行，我就不打扰您了。”

本以为这件事就结束了，谁想到一波未平一波又起。半小时后，原来曾经住过5115房间的胡先生也给大堂经理打来电话投诉。

胡先生说：“你们话务员怎么回事？转接电话都不问清楚找谁吗？”

袁帅说：“胡先生，您别着急，慢慢说，只要我们能够解决一定给您解决。”

胡先生说：“昨天大概凌晨一点多的时候，我太太给我打电话，说接电话的人是一位小姐。我告诉我太太，我昨天下午就已经离开你们酒店了，可是我太太并不相信我，我怎么解释都不行。如果你们不给我把这件事情圆满解决，我一定向你们老板投诉。”

袁帅说：“胡先生，我现在非常理解您的感受，被太太误会的滋味肯定不好。我们酒店可以为您作证，证明您昨天下午确实已经离开酒店了。”

胡先生说：“你们怎么证明？”

袁帅想，现在胡先生最在意的就是消除妻子的误会，于是说：“胡先生，酒店可以开具您离开的证明，而且我们会安排昨天的那个话务员打电话给您太太，如有必要，让那个话务员去见您太太也行，只要能够把事情的来龙去脉解释清楚，让你们夫妻和好如初。”

胡先生说：“那还差不多，最主要的是我太太不再误会。”

袁帅说：“肯定的，我们肯定会向您太太说清楚，绝不会让她继续误会您。”

胡先生说：“那请你尽快联系我太太。”

袁帅说：“好的。”

在这个案例中，酒店的话务员因为自己的失误，引发了两起投诉。可见，工作人员在工作中决不能忽略关键的细节。从这两起投诉的解决中，我们也可以看出，工作人员一定要急客户之所急，把客户的关注点作为处理投诉的首要任务。

总的来说，要想给客户提供切实的解决方案，就需要我们认真地倾听客户，从中发现客户的需求，然后想办法给出令客户称心如意的答案。

小提示

在处理客户投诉的时候，快速抓住客户真正在意的问题非常重要。

要感谢：投诉是改进和完善服务的阶梯

虽然出现客户投诉不是一件令人愉快的事，但是换一个视角去看待投诉就可以发现：有投诉说明企业的服务没有做到位，还需要继续努力。而且，如果投诉处理得当，企业得到的不仅是自我的提升，还有客户的信任，所以企业应该感谢客户的投诉，感谢因为投诉，企业在成功的道路上又能前进一步。

2016年的一天，上海的一家中餐厅承办了一场婚宴，餐厅内的每位员工都紧张而有序地忙碌着。餐厅的面门上挂了一个大红的“囍”字，餐厅内各处也都摆放了很多百年好合的装饰鲜花，这一切都显示着这是一场隆重的婚礼。

早上7点多钟，一位打扮得非常漂亮的女士走了进来，她穿着亮眼，脚上一双非常精致的高跟鞋。

突然，这位女士“哎唷”了一声，原来是因为这个区域的服务员正在重新摆放椅子，还没来得及把椅子放到桌子下面，这位女士只顾走路，没有看见椅子，所以她的丝袜被椅子挂了一下。丝袜容易脱线，现在这样一挂，根本没有可能再穿了。

餐厅的领位小姐甄彩赶忙迎上去，关心地问：“女士，需要帮忙吗?”

这位女士说：“坏了，袜子破了，还怎么穿？我一会儿还要当伴娘，这袜子穿不了怎么办呢？你说你们怎么能把椅子放在这里呢?”

面对女士的无助和指责，甄彩说：“女士，这里正在布置婚宴的座位，因为有的桌子座位不够，所以我们才来调整。”

女士一听甄彩这样说，更生气了，说：“你们想要怎样，我管不着，但是最起码你们把椅子放在不该放的位置就应该及时提醒客人。”

甄彩立刻意识到自己不应该与客人争执，连忙说：“嗯，是的，是我们不对，您要不去包厢坐一会儿，我马上帮您想办法。”

女士说：“那好吧，你最好快一点，因为一会儿我就得陪着新娘，到时候如果我出现不了，就不好了。”

甄彩说：“好的，我一定尽快回来，您先歇一会儿。”

甄彩从包厢里出来，忽然想起来餐厅为客人准备过袜子。她连忙打电话让工作人员送来一双肉色的丝袜。女士换上袜子以后，非常满意地说：“谢谢，要不是你帮忙，我真不知道该怎么办了，你们想得很周到。”

甄彩说：“我们还得感谢您呢，您的意见是我们不断提升服务质量的动力。”

在本案例中，甄彩能够在客户投诉后迅速采取措施，赢得了好评，更重要的是甄彩注意到客户的投诉是对企业和服务人员的帮助。

事实上，不管是普通的服务人员，还是居于领导地位的管理人员，都要感谢客户提出意见或投诉，要认识到客户的意见或投诉对企业都是非常重要的。这样的认识可以帮助企业留住客户。

第一，当我们抱怨客户的投诉时，可以告诉自己应该对投诉者表示感谢，因为他们发现了我们的问题，避免了我们更大的损失。

第二，当我们面临难缠的客户时，要感谢客户让我们有机会去反省自己、改变自己，提高自己的服务意识。

第三，我们还要认识到，如果我们不对客户心存感谢，有可能就不能有效地解决投诉，进而失去客户和客户对我们的信任。

第四，让客户的每次投诉成为企业不断提高的阶梯，积极地对待客户的投诉，有时候只有关心企业、希望与企业长久合作的客户才会投诉。

小提示

在解决投诉以后，可以询问对方是否满意，倘若满意，记得感谢对方的宝贵意见让企业的服务更加完美。

有提升：拿出附加值，做好回头客引导

企业的运营是一个复杂而庞大的系统，无论管理者经营得多么出色，各方面管理得多么到位，都不太可能让每一位客户都满意，客户投诉的出现也就不可避免。如果对客户的投诉处理不好，客户会产生

强烈不满，严重时甚至会影响企业的效益和形象。应该如何灵活利用各种方法来挽留客户，是工作人员应该学习并掌握的。

2020年12月的一天，安阳的于洪珍女士和两名邻居一起到小区的一个大型超市买东西，她们发现超市的一款卫生纸在做特价活动，觉得十分划算，每人各买了一提。

她们排了很长的队并付钱以后，还没出超市多远，于洪珍习惯性地看购物小票，发现卫生纸的价格并未特价优惠。于是，她们返回超市询问原因。超市营业员解释特价活动已经结束了，优惠价只有在活动期间才能享受，至于价格标签可能是工作人员还没有来得及去掉。

三个人经过商议，表示卫生纸不是特价她们就不想要了。营业员找来超市的李主管，李主管了解情况以后，同意为她们办理退货，而且还热心地向她们推荐了另一款卖得很好的卫生纸，不仅价格便宜，而且质量特别好。

于洪珍三人听了以后，觉得很不错，更让她们惊喜的是李主管说："这款卫生纸厂家还给了优惠，如果买两提，可以赠送一套价值50元的洗护套装。但你们都是老客户了，所以破例送你们一人一套价值50元的洗护套装。"三人听了非常高兴，当即一人买了一提李主管推荐的卫生纸，拿着赠送的洗护套装高高兴兴地回家了。

但是令于洪珍没想到的是，回家打开超市送的洗护套装以后，却发现洗护套装过期了。于是，于洪珍觉得自己受到了欺骗，拉着两个邻居一起去超市要说法。

她们来到超市，先是问了营业员，赠品是过期产品，应该如何处理。营业员从来也没遇到过这种情况，说："我们超市最近没有这个活动啊，你们确定是在这里买的吗？"

于洪珍就怕超市不承认，专门带了购物小票来，听到营业员这样说，立即从包里掏出购物小票给营业员看。

营业员看了购物小票，过期产品确实是出自自家的超市。于是，她说："那您稍等一下，我去找李主管。"

于洪珍三人同意了，就在一旁的长椅上坐着等待，但是十来分钟过去了，李主管还是没有出现，于洪珍就去问营业员是怎么回事。

营业员让于洪珍再等一会儿，她给李主管又打了电话，挂了电话以后，她告诉于洪珍，李主管现在有事抽不开身，请她改天再来。

于洪珍听到这样的说辞就知道他们肯定是不想调换产品了，于是就对营业员说："你现在告诉你们李主管，赠送品也是商品，你们必须保证商品的质量，如果你们不给我处理这个问题，我就去工商局告你们，说你们售卖过期产品。"

一会儿李主管就过来了，笑着对于洪珍说："大姐，那洗护产品本来就是送你们的，现在出问题了，我们也不想。当时，我是把有效期看成生产日期了。现在既然有问题，你把产品还给我们也就没事了，何况你们买的卫生纸本来就是优惠价。"

于洪珍说："那不行，你们既然赠送了，那就是属于我们的，现在产品过期了，根据国家的消费者保护法，你们就要负责给我们调换。"

李主管看她们三个人态度强硬，又怕她们真去工商局，就说："好吧，这是我的失误，我就承担到底，给你们都调换成正常日期的，还额外赠送一瓶护手霜，但是，大姐，既然我都这么处理了，您也要高抬贵手。"

于洪珍说："我们也不是不讲理的人，只要你信守承诺给我们换，我们不但不抹黑你们超市，而且还会向街坊邻居夸你们。"

李主管说："好，现在咱们就去换。"

在这个案例中，虽然洗护产品是赠送的，但是商家同样要负责任。李主管刚开始企图逃避责任，想让这个事情不了了之，但是他没想到后果。如果于洪珍她们就这样回去，她们会不会告诉邻居，会不会在朋友圈里吐槽超市的信誉，这些后果对超市来说都是十分严重的。

工作人员在处理客户投诉的时候，可以向客户提供额外的附加值，去吸引客户。

小提示

工作人员在处理投诉的时候应该三思而行，多考虑后果。

紧督促：联系相关部门落实处理结果

处理客户的投诉虽然看起来只是一件事情，但是在处理的过程中却包含了多个环节，督促相关部门尽快地落实处理方案，得出处理结果，把结果在第一时间告知客户，这些都需要处理投诉的相关人员紧密关注和有效率的行动。

当今，很多人都热衷在网上买东西，然而，由于各方面的因素，消费者在网上购物的时候还是会有许多烦恼。

家住北京五路居的中学教师吕老师平常除了上班外不爱出门，所以她经常选择在网上买衣服、包包和其他一些生活用品。

2021 年 9 月 12 日，吕老师在浏览购物网站的时候发现一家旗舰店正在卖一款女包。这款女包是那种带铆钉的款式，很时尚。吕老师就在店里下了单，期待快递小哥赶紧把包送过来。

三天后，快递到了，吕老师却没那么高兴了。因为她打开包裹的时候却发现，收到的包包和旗舰店投放在网上的照片有很大不同，收到的包包做工也有点粗糙，根本不是吕老师想象中的那样，她感到很失望。所以，吕老师立刻联系卖包的旗舰店，说明自己想要退货。

客服秦晓利收到吕老师发来的消息以后，问："亲，您好，退货的话，需要您承担运费。"

吕老师："你们不是说，商品出现问题，你们包退吗？"

秦晓利："我们是这样承诺的，但是我们的商品现在没有问题，是您自己想要退货，不是我们的责任。"

吕老师听了很气愤，回道："你们的商品跟照片不一样，你们这是欺骗消费者，所以，你们最好把运费出了。"

秦晓利："亲，您不要生气，就算您退货，也得把东西给我们退回来，我们检查没有人工损坏以后，才可以给你全额退款。"

吕老师："那不行，我把包包退给你们了，你们不承认收到怎么办？"

秦晓利："亲，不可能出现这种情况，我们企业都是按照规章制度办事，如果胡乱办事或者不对客户信守承诺，我们企业又怎么能长期发展下去呢？您说是不是这个道理？"

吕老师觉得客服说得也挺有道理，就同意先把包包邮过去，但是还是问："那你们什么时间能够把钱退还给我？"

秦晓利："最多一个星期之内，就会把钱给您退回。"

吕老师在一个星期内，经常查看自己的账户，但是一星期过去了，仍是没有退款。于是，她就继续联系旗舰店客服，问到底怎么回事。

客服张敏敏回复："亲，因为上次为您服务的客服辞职了，但是没有进行工作交接，所以现在我不清楚事件的处理情况。"

吕老师："什么？你们现在还没有给我解决，这过了多长时间了？你们也太不负责任了，这样拖拖拉拉，本来商品就不好，现在服务也这么差。"

客服张敏敏："亲，您别急，我刚才已经联系领导，说是您的快递因为天气原因我们才收到，所以还没有来得及核实。"

吕老师："那你们最快什么时候可以把钱退过来？"

客服张敏敏："亲，您放心，我一定时刻关注相关部门的处理情况，有什么新进展，我都会在这里告知您，您可以稍微关注一下。"

吕老师最终同意再等几天，如果再不能退款就会投诉这家旗舰店。

后来，客服张敏敏一有什么新消息就会告诉吕老师，让吕老师知道不论处理得快慢，但是她的事情企业一直在进行处理。

客服人员是客户和企业接触的窗口，客服秦晓利对客人的事情不重视，也不做交接，就是不负责任的表现，客服人员应该像张敏敏那样，紧密联系处理问题的相关部门，落实处理结果。

工作人员收到投诉以后应该尽快地督促相关部门核实问题，查明事件的真实情况；然后联系相关人员提出解决方案，并第一时间将解决方案告知客户，包括解决问题所需要的时间以及征询客户的意见。

将方案告知客户以后，工作人员应该对投诉处理过程密切关注，保证处理问题的效率，以确保问题可以在规定的时间内解决。因为如果不能确保投诉在规定时间内处理完，客户很可能因此更加生气，导致问题严重升级。

小提示

工作人员一定要重视此环节的工作，及时地将事件的处理情况告知客户。

再联系：向客户核实处理是否落实和结果是否满意

为了维系客户，有时候还需要在投诉事件处理结束以后向客户核实处理是否落实和结果是否满意。可以通过发短信、打电话或者上门拜访等方式，对客户进行回访。通过回访，不仅可以拉近企业与客户的距离、增加与客户的沟通、提高客户的满意程度，还可以为企业树立负责任的形象，提升客户的忠诚度。

2016年9月16日，武汉的曹先生得知新疆的老战友要回来，而且还要来看他。曹先生很高兴，当即就开车去不远的酒店为七位老战友订了四间标准房。当时服务员告诉曹先生，根据酒店规定，曹先生需要为每间房间预付300元，四间房一共付了1200元。

曹先生当晚11点，从机场接了几位老战友回来，直接把他们送到酒店，准备等他们都休息好了，明天再叙旧。但是当曹先生到了酒店准备送几位老战友上去休息的时候，服务员却告知他酒店下午临时接了个旅游团，客房已经全部包出去了。现在可以给他退钱，再去别的地方找酒店。

曹先生顿时就觉得自己在老战友面前很没有面子，于是和服务员吵了起来。服务员还说："曹先生，您跟我吵也无济于事，又不是我让包出去的，再说我们都同意退您钱了。"

曹先生说："我的几位老战友长途跋涉过来，我知道时间会晚一点儿，所以才在你们这里提前预订好。现在你们把我预订的房间都包出去了，那还要预订这个流程有什么用？现在都晚上11点多了，你们必须给我把房间腾出来，否则我就去告你们。"

服务员没办法，只好把值班经理武阳叫了过来，武阳了解事情的经过以后，对曹先生说："这一点确实是我们做得不对，但是现在酒店的房间已经满了，把别的客人赶出去也不太现实，所以我现在陪您几位一起去旁边的一家酒店，您就当在我们酒店住了，所需的额外费用我们酒店来支付，您看行吗？"

曹先生本来很生气，觉得这家酒店的员工简直没有职业道德，但是想到老战友们很辛苦，现在一定也困了，就说："你说的这个方法也可以，不过算上那1200元的押金，我只付给你一半的房费。旁边的那家酒店我也知道，根本比不上这里的设施，所以无论在那里花多花少，我就付这里一半的房费，算你给我打五折赔礼道歉，你看行不?”

曹先生看酒店的值班经理一脸为难，立刻又说：“要不今天你就在这里给我找四间房来。”

武阳没办法，只好暂时答应了曹先生的要求。

第二天，武阳就把曹先生的投诉要求上报给了领导，由于其他事情也很多，他就没时间去追踪事情处理得怎么样了。过了几天，武阳腾出空以后，就给曹先生打电话询问事情处理是否满意。曹先生那天正好把几位老战友送走，笑呵呵地说：“还不错，你们处理得还不错，给我打了五折。不过，我告诉你，当时若不是急着让老战友们休息，我非要好好地跟你们讲讲道理。”

武阳赔笑道：“是的，这件事都是我们没有考虑周到，现在能得到您的谅解，我们非常感谢，您下次再来酒店，直接给我打电话，我让他们给您打折。”

曹先生说：“哈哈，这还差不多，你们这服务还算可以，以后我还会继续选择住你家酒店。”

武阳说：“谢谢曹先生关照，我们以后一定更加努力。”

在这个案例中，如果酒店经理武阳没有在投诉处理结束以后再联系曹先生，曹先生也许就不会再去这家酒店了，因为他担心再出现类似的情况。但是，武阳给曹先生打电话回访，不仅消除了曹先生对酒店的坏印象，还给予了优惠，进而让曹先生成为回头客。

小提示

回访也是直接提高企业经济效益的一种方法。

第9章

处理方法：化解愤怒、解决问题

产品出了问题，客户是被动的，也是无助的，如果问题总得不到解决，客户难免要发脾气。有的服务人员觉得客户脾气那么大，自己怎么可能解决？其实，只要把问题处理了，客户也就不会再纠缠不休了。

一站式服务法：全过程跟踪投诉，从受理到解决

当今的消费者已经不仅仅满足于产品本身的品质，更注重企业相关服务及其服务态度。因此，在面对同等产品时消费者更倾向于有良好企业形象以及口碑的企业产品，这也是对于企业服务的选择。

当矛盾产生、问题形成时，如何化解矛盾、解决问题，并使客户继续消费是对企业的一个考验。服务是使企业获得市场信誉的关键，也是企业自身文化的体现，不良服务导致的问题轻则使企业遭受经济损失，重则令企业失去信誉无法在市场上立足。

一位消费者在电子商务平台购买了一款蜜蜡手串，本来满怀欣喜，可收到货物后却发现，自己购买的手串与平时见到的不太一样，仔细研究附带的珠宝鉴定证书才惊讶地发现其为假证书。这份证书上确实印有检测人员的姓名和公章，但是名字、公章连同检测中心的网址都是伪造的。

发现商家的欺骗行为，这位消费者选择投诉解决。商家很快就对此投诉回应，在投诉后两天内，将此商品下架，对消费者承诺会道歉赔偿，商家的态度令这位消费者感到满意。本以为事情在得到赔偿后就会结束，可是等了很长时间，商家承诺的赔偿不仅没有兑现，反而有人发现那串曾经被投诉过的蜜蜡手串又在网上销售了。

面对被骗行为，消费者理性地选择投诉来为自己维权。但是，商家以及电子商务平台却没有妥帖地为消费者提供服务，欺骗、拖延、再次欺骗，令消费者心寒。

北京一家电器企业，以它成熟的服务模式赢得了众多消费者的喜爱，同时成为其他企业竞相学习和模仿的典范。其服务模式的成功之处在于注重贴合、完善整体。每一位用户在进行投诉或表达个人意见后，企业都会组织相关人员上门服务，这样的服务更能减少摩擦，提升客户好感，解决问题。

例如，工程师刘鹏在接受服务任务时，首先会明确用户信息，其中包括用户姓名、地址、联系电话、购买产品或服务的日期、故障内容、用户需求等详细的内容，以便明确用户需求以及对用户需求进行分析。

其次是在服务过程中，刘鹏都会耐心地倾听用户意见，礼貌应对用户问题，具体问题具体分析，消除故障后还要详细地填写保修单内容，并主动要求用户对自己评价，以此确保企业服务质量。

最后，在解决投诉内容后该企业还会对用户回访以及收集反馈信息，及时了解情况，如果再次出现问题则会重新派人上门服务直至客户对服务质量满意。

这家企业采用的服务体系所体现的就是“一站式服务”体系的概念。简而言之，用户有需求，企业专业的服务部门就会将问题解决。“一站式服务”体系的本质是系统销售服务，当用户的投诉、意见、咨询等需要沟通协调的意愿传递到企业后，企业专业的负责部门就对这些意愿进行信息收集、分析，调和处理方案，对投诉的处理进行全进程跟踪服务。

“一站式服务”模式主要包含以下四个方面的内容。

1.“一站式”沟通

想要实现用户对服务的满意度，企业就需要掌握客户的需求和意向，积极地与客户进行沟通协调，由此就需要实现“一站式”沟通。企业相关部门与用户进行沟通，对用户的投诉、意见、咨询、协调等内容及时接待、收集、处理，快速有效地处理有关管理信息，并对客户的要求进行跟踪，以确保落实到底。

2.“一站式”服务

“一站式”服务是指用户在需要服务时，企业会因为客户需求的类别和特点进行分析并与专业机构进行沟通。这就要求任何一位企业服务人员都能根据客户的需求来协调服务资源，综合客户实际情况，确定合理的服务方案，联系相关服务部门，合理完善服务行为并保证服务结果。

3.“一站式”的资源调配

每一位客户都期望获得优质的服务，企业也期望创造更高的利润，如何在两者之间进行平衡是保障双方利益的关键。“一站式”服务将用户所感兴趣的资源信息进行整合，形成资源信息网，企业对其进行统筹、筛选、调配，满足客户的资源信息需求。而企业作为资源的供应者，从中获得差价的利润，这样便能够实现企业与客户的双赢。

4. 首接责任制

“一站式”服务模式作为一种理念需要一套能够相配套的管理制度来促进其成为现实，“首接责任制”应运而生。“首接责任制”是指首位接受客户需求的工作人员，就是保证为该客户提供满意服务的责任人，首接工作人员可以调动相关的人力、物力以及相关的服务资源为用户提供服务。同时，首接工作人员负责对所提供的服务进行组织监督、验收、回访、处理回馈等工作。

服务承诺法：“如产品出现问题，三天内免费退换”

在商场购物时你会发现，在同等商品间进行选择时，带有服务承诺的商品更具有吸引力，如“假一赔十”“无效退款”等。这样几个字会让你不自觉地认为这是企业对自己产品的一种自信，同时是商家对消费者权益的保证。

很多大型企业对于自己产品的宣传越来越倾向以对消费者的承诺为主题，销售已经不再是单一地进行产品推销，而是同步推销企业的信誉。

春节将至，李女士想要买一件大衣，逛了许久最终在一家并不起眼的小店里选了一件十分满意的大衣，购买时商家口头承诺可以三天内退换。李女士回到家里发现大衣内衬有一块污渍。

李女士当天下午便回到商店想要换一件，售货员得知情况后却对李女士说："本店售出的商品概不退换，我们店面小，不是专卖店，对不起，这衣服换不了。"李女士感到疑惑，店家在销售时明明给出了承诺，可是为什么现在不给换了呢?

这样的结果对于李女士来说实在无法接受，几经商谈，店家还是拒绝换一件新的大衣给李女士，李女士只能到工商部门去投诉，最终店家还是履行了三天内退换的承诺。

其实，类似于"如产品出现问题，三天内免费退换"这样的销售承诺并不是一句口号，它在一定程度上代表了一个企业的公信力，是企业对客户的保证，是促进企业利润持续增长的一个重要保障。拒绝履行承诺就是对企业信誉的颠覆。

企业一般在表达自己的服务承诺时都会应用以下五种形式。

1. 将企业的经营目标及企业的服务宗旨展现给大众

这是企业应用最普遍的形式，国内外许多大型企业都会向客户宣传自己的服务宗旨。

2. 使用传播媒介，树立良好的企业形象

企业在宣传自己的产品时，如果有能力都会选择通过一些传播媒介来进行宣传，当前的传播媒介十分丰富，电视、广播、报纸、多媒体、自媒体，传播形式多样，传播范围广、效果好。

3. 以海报、公告牌等形式对消费者给出服务承诺

海报、公告牌作为最接近大众而且经济实惠的宣传方式受到许多企业的青睐。以海报、公告牌给出服务承诺既可以直接地阐明企业的理念，以降低消费者对于企业的疑虑，还可以令消费者了解企业的服务信条。

4. 按照有关规定向消费者保证

不同行业处理投诉的方式有所不同，企业对消费者的承诺要依据有关规定给出，既不夸大其词，也不能闪烁其词。

5. 企业工作人员与消费者直接接触，向消费者表达企业的具体承诺

这种方式最为直接有效，面对面与消费者接触，可以清楚明白地向消费者表达企业的立场。

小提示

企业向消费者给出服务承诺可以增强消费者对企业的忠诚度，提升企业的经济利益。从内部来说，服务承诺还可以促进企业工作人员的热情，加强企业内部团结，打造良好的企业文化。

补偿关照法：“如出现问题，据问题大小给予经济补偿”

很多时候，企业在面对投诉事件时，会手足无措，不知道该如何减少消费者的损失，很多企业也会在这种情况不明确、问题已经激化的情况下做出错误的决定，使得买卖双方矛盾进一步激化，甚至造成无法挽回的局面。

在投诉面前，作为企业的管理人员，应沉着冷静地对情况进行分析，从心理上令消费者保持对企业的信任，并找出合理的处理方案缓和双方的矛盾。

王建在小区开了一家汽修店，由于人手不够，王建为了赶进度，不小心将一辆需要补漆的汽车喷错了漆。因为颜色相近，王建当时并没有发现自己的失误。过了两天，客户刘先生来领车，指出了王建的失误，提出投诉并要求经济赔偿。

王建收到投诉后，发现确实是自己的失误致使车身大面积受损，而此时十分心疼自己爱车的刘先生情绪比较激动。

王建立即对刘先生道歉并承诺两天之内一定将刘先生的爱车修理好，并免费为刘先生的车全面检修。刘先生看到王建如此真诚，便接受了王建的建议，两天后刘先生的车变回了原来的样子，经过全面检修车的性能也有提升，并且，王建还为刘先生办理了全年免费检修的优惠卡。刘先生也因为这件事成了王建店里的固定客户，与王建成了朋友。

对过错进行及时补偿关照的行为就是处理投诉事件中常用的补偿关照法。补偿关照法的目的就是安抚消费者，使消费者明白企业对待过失积极处理的态度，也让消费者相信这样的过失不会再次发生，企业很在意消费者，不希望失去消费者的信任。

补偿关照法是企业在特定的环境下不得已使用的一种处理方法，使用补偿关照法时要明确消费者的需求和想法，这样才可以有针对性地对消费者提出补偿方案，更加准确快速地与消费者达成共识。

补偿关照一般会使用以下四种方式来实现。

1. 打折

为消费者提供优惠服务，通过对一些商品打折对消费者进行赔偿。

2. 免除费用

如同案例中王建对刘先生的做法，免除消费者的费用，令消费者的心理平衡。

3. 经济赔偿

如果造成消费者经济损失，需要对消费者进行适当的经济赔偿，这样既符合规定，又能有效地对消费者进行安抚。

4. 精神赔偿

精神赔偿包含赔礼道歉、赠送礼品、额外赔偿等形式。

小提示

企业在进行补偿关照的过程中还应当注意一些细节，不要使消费者感觉企业是在用预期来替代补偿，而要多倾听消费者的意见和建议，解答消费者的疑虑，用耐心和尊重来挽回因自己的失误而造成的损失。

五步工作法：热情接待、倾听、道歉、分析、解决

“客户就是上帝”这句话相信大家都不会陌生，每一位客户都希望自己在消费过程中能够被尊重，消费行为完成后享受自己的权益。对企业而言，懂得理解消费者，完善服务行为就是对消费者尊重的体现。

企业处理客户投诉时一般会有两种态度：一种是积极处理，妥善解决；另一种是消极对待，推卸责任。很明显，消极对待只会激化矛盾，加深误解，对于企业来说没有益处。这是一个很简单的道理，但是很多企业在处理投诉事件时还是会将问题激化，造成更多损失。

王芳在一家化妆品专柜上班，每天面对来购买化妆品的姑娘们，王芳都会面带笑容，认真地为这些追求美的客户分析肤质，推荐商品，用朋友的心态为客户选择合适的化妆品。耐心地付出就会有回报，王芳每月的销售成绩都会排在前几名。不过，不久前，客户张小姐却将王芳投诉到商场并要求维权。

原来，几天前，张小姐在商场购物，刚刚接触化妆的张小姐见王芳耐心地为其他顾客服务便被吸引，希望王芳也可以为自己分析一下，

推荐一款适合自己的化妆品。王芳也没有让张小姐失望，很快便为张小姐选择了一款较为合适的化妆品，并为张小姐提供了护肤方案。这一切都让张小姐十分满意。

没想到过了两天，张小姐面部开始发红，并有痛痒的症状，到医院一检查才知道自己对这款化妆品过敏。于是张小姐便将王芳投诉到了商场负责人那里，王芳在收到投诉后第一时间联系了张小姐，认真地询问了张小姐使用化妆品前后的情况，并陪同张小姐再次到医院进行了皮肤检测。

检测结果显示，张小姐自身皮肤属于过敏肤质，而王芳所销售的化妆品并没有质量问题。王芳与张小姐沟通后对张小姐进行了适当的赔偿，事件最终得到了妥善处理。

面对客户的投诉，服务人员应当做到五步工作法，即热情接待、倾听、道歉、分析、解决。客户希望自己在维权的过程中被安慰，问题可以快速有效地被解决，所以对服务人员来说注意情绪、冷静分析十分重要。

1. 认真聆听客户需求

遇到投诉的客户，一定要从对方的角度来分析问题，理解客户此时的心情。每一位购买了商品但是却出现问题的客户的心情都是失望、气愤和委屈的。因此，工作人员要认真地听取客户的意见和诉求，不要打断或者冰冷地对待客户的抱怨。

2. 收集客户相关有效信息，分析细节

当客户表达完自己的诉求，工作人员要与客户充分沟通，引导客户进行信息补充，尽量还原事件始末，掌握事件的关键细节，找出问题的重点，最后和客户一起制订有效的处理方案。

3. 态度真诚，减少摩擦

企业在了解问题后，不论问题是否为企业过错导致的，都要以真诚的态度向客户表达自己的歉意，并帮助客户分析问题，制订有效的解决方案，也可适当地补偿客户，让客户觉得自己找到了可以解决问题的方法，而不是令客户一直处于焦虑的状态中。

4. 制订方案，邀请客户参与其中

在制订投诉解决方案时，企业一定要征求客户的建议并及时对方案进行修改和补充，与客户达成对解决方案的一致意见。处理投诉后，企业要回访客户，询求客户意见，以确保事件处理妥善。

5. 方案执行力度大，客户问题快解决

制订合理的方案后，不要拖延，要尽快地采取行动，不能让客户有被敷衍的感觉。

小提示

关键问题要从根本解决，才可以避免下一次失误的发生。在执行解决方案的过程中出现问题也要及时与客户联系，请求客户谅解，避免发生二次误解。

外部评审法：请第三方机构调解或仲裁

有时候消费者投诉后没有得到妥善处理，他们会寻求其他方式来解决，其中选择第三方进行调解的方式较为公正有效。这样可以帮助企业与消费者更为冷静地处理相关纠纷及摩擦，为双方找到更好的处理方法。

由于买卖关系是双向的，当产生双方无法调和的矛盾时，双方更倾于维护自身利益的想法是可以理解的，但也由此可能造成矛盾升级，问题拖延得不到解决。这时，第三方介入就显得十分必要。第三方可以根据双方的需求及事件发生的原委帮助双方找到平衡点，化解矛盾。

家住合肥的程女士在家人的陪同下到市消协投诉，投诉对象是当地一家美发店。见到情绪激动的程女士，市消协办公室的白主任亲自接待了她，仔细询问下了解了事情的经过。

程女士从朋友那里听说最近流行离子烫，想着自己许久没有打理头发，便动了想要试试的心思。程女士路过一家理发店，店面的玻璃广告写着“离子烫体验活动”，她当下就推开了店家的门。

理发店的接待员为程女士安排座位，介绍理发师，一系列招待使程女士安心不少。理发师在与程女士交流的过程中了解到程女士想要尝试离子烫，便极力向程女士推荐一款号称“黄金离子烫”的直发液，而且承诺效果非常好，保证长期定型，如出现问题会对程女士负责。

程女士做完头发交付了200元的费用，理发师告诉程女士一周内最好不要清洗头发，不然效果会大打折扣。程女士听从理发师的建议坚持了两天没有洗头发，可到了第三天，程女士觉得自己的头皮开始发痒，轻轻地抓挠还有烧灼的疼痛感，这令程女士产生了疑惑，但想着理发师的忠告，程女士还是忍了下来，想着可能是两天没有洗头的正常反应。

就这样程女士又坚持了五天，最后不得不在家人的陪伴下到医院检查。检查结果是头皮发炎，发根脱落，并确定是烫发导致的。

白主任了解情况后，带领相关执法人员陪同程女士及家人来到了理发店。

白主任及执法人员对该起事件进行调查取证，查封了伪劣产品，并调解理发店负责人与程女士之间的矛盾。最终，在白主任的协调下，这家店向程女士及其家人赔礼道歉，退还了200元理发费用，并承诺会支付程女士的治疗费用。

对消费者而言，外部评审是保障消费者权益的利器；对企业来说，外部评审也是维护利益的利器。所谓第三方，指的是独立于企业与消费者之外的组织，与当事人各方在法律上没有任何关联，没有任何利害和利益冲突，能够保证客观、公正的态度。

替换法：为客户替换一种产品或服务

替换商品是企业接到投诉后会结合其他解决方案一同实施的一种处理方法。面对消费者的投诉，对企业最基本的要求是解决商品或服务出现的质量问题。替换商品或服务能同时满足消费者和企业的要求，它可以在把消费者的损失降到最低的同时又以最低的成本维护了企业的形象。

王女士在某手机品牌店购买了一部新手机，但在使用的第 6 天和第 7 天出现了手机白屏、电源键无故失效的问题，王小姐对此非常不满。

销售人员在王女士购买手机时只向她介绍了手机的性能及保修期限，却并未说明手机出现任何问题 7 天之内可以选择退货或更换、15 天之内可以替换的情况。王女士也没有预料到自己刚买的手机就状况频出。

她不想送去修理，决定直接退掉手机，重新购买其他手机。但王女士并没有从销售人员那里得知有关退换的相关信息，她查找附带的手机说明书，才了解到这种情况下是可以退换的。

于是，在购买手机后的第 8 天，王女士找到手机店，说明手机出现的状况，要求退掉手机。但销售人员以购买手机 7 天已过为由，说明只能给王女士进行调换，无法退货。

王女士非常气愤，便拨打了此手机品牌总部客户投诉电话，详细说明了自己在购买手机时没有从销售人员那里得知手机退换的相关信息，导致没有在规定时间内送去店里处理，她要求退货。

总部立即对此事调查处理，通知该分店按王女士的要求退货并就此事向王女士致歉。分店经理亲自处理此事并向王女士推荐其他类似的手机，并承诺额外赠送她一年的手机保修服务。王女士看到经理如此耐心负责，便决定在此店更换一部类似的手机。

上述案例中，店家在产品的销售服务中存在失误，并在售后服务时没能有效处理投诉。但最终，店家积极主动说服客户采取更换产品的方法，满足客户要求的同时使自身的损失降到最低。这种效果显著的替换方法可以借鉴。企业在采用替换法时，还应注意以下两个关键点。

1. 确认客户投诉内容的可靠性

接到客户投诉时，首先应与相关人员核实客户投诉内容是否真实可靠，并对相关产品或服务出现的问题是否在企业规定的退货、更换及保修的时间范围内确认。

2. 明确责任划分

如果产品或服务问题确实是由于企业自身原因造成的，无关客户，企业应主动致歉并争取客户的谅解。产品或服务在规定的退换时间范围内时，销售与服务人员应积极耐心地向客户推荐可替换产品，力求征得客户的认同。

而如果产品或服务问题是由客户自身原因造成的，且已过了退换的时间范围，企业也应换位思考，耐心沟通，得到客户理解。同时必须明确责任归属，给出合理的解决方案。

小提示

面对投诉问题时，为客户据因据理替换相关产品或服务确实是一种行之有效的处理方法，也确实能平衡客户和企业双方的利益。在客户发现并说明产品或服务出现的问题后，不要等到矛盾激化就应认真对待、酌情处理，充分考虑客户的感受，根据现实情况决定是否给予替换，从根本上维护企业的形象。

变通法：完善或添加硬件服务设施等

企业的服务质量是企业立足的基础，一个没有良好服务质量的企业，在如今竞争日益激烈的市场中难以存活，更不要说脱颖而出了。

只有过硬的服务质量和超高的服务水平才能得到良好的客户反馈，获得社会好评，持续地支持企业发展壮大。软件服务设施和硬件服务设施都是影响企业服务质量的关键，而硬件服务设施的改善则既能给予客户明显的体验差别，也能在提高企业服务质量上起到立竿见影的作用。

企业的硬件服务设施包括业务区、休息区、接待客户区和销售区的各种设施设备等。一个企业所需配备的硬件服务设施与该企业所属行业密切相关，硬件服务设施在酒店、餐饮业等企业中显得尤为重要。

某五星级酒店的电梯按规定应每月检查维修，然而有一次一位客户乘坐电梯时出现了1分钟的运行停止，客户反映给酒店经理，经理嘴上应付着客户说马上找工人来检修，但心里只是想：每月都进行检查维修，这次也没出现什么大问题，等下次月检时再检查也好。

然而，正是在下次月检的前一天发生了电梯事故。一名孕妇带着一名儿童乘坐那部电梯时，出现了运行停止。孕妇和儿童都受到了惊吓，儿童大哭起来，孕妇慌张之中拨打了电梯中的呼救电话。然而呼救电话打通了却没有人接，反复拨打数次后酒店客服才接听求救电话并通知人员施救。后来，孕妇因为过度紧张引发肚子剧痛入院抢救。

事后孕妇家人对酒店投诉，酒店管理人员主动联系客户致歉，对客户的经济和精神损失给予赔偿，并且立刻对酒店的所有设施进行全面检修。然而这件事很快被多家媒体报道，产生了不小的负面影响，极大地打击了酒店的运营。

这个案例说明，发现问题应及时解决，不能等更大的问题出现了才意识到完善硬件设施的重要性，尤其是关乎客户生命财产安全的设施，不能有丝毫马虎。

包括企业业务区等各种功能场所的设施设备在内，都是为客户提供服务的基础，需要不断完善提升。完善提升硬件服务设施，要做到以下四点。

1. 保证设施设备运营的安全和效率

企业的后勤管理人员应本着“以人为本”的理念，定期对设施设备进行全面的检查和维修，建立和完善日常检修制度，严格按照设施设备的使用守则和注意事项对设施设备进行日常检修，并加强监督。

2. 针对不同功能区添加完善相应的硬件服务设施

在办理业务区域内，应根据业务扩展情况，添加叫号机、增加办理业务窗口、增加自助服务功能，并通过添加主推业务宣传栏、功能指示牌、咨询台等来完善硬件设施；在休息区内，应通过添加植物花草等装饰物、提供饮用水、电视、舒适的座椅等设施来让客户尽可能放松，还可以添加与企业相关的杂志、宣传手册等供客户读阅；在销售区内，可陈列产品实物及介绍标签，张贴最新产品的海报进行宣传，根据客户可能停留时间的长度选择提供适量的座椅等。

3. 注重细节

不同的场所可能需要添加同一类设施，但设施的风格类型、数量、功能不尽相同，应根据场所的变化选择最适合的，这就是细节问题。例如，同样是灯光，在业务区只需简洁明亮即可；在销售区则要根据销售产品的属性应用不同的灯光来营造或明或暗、或深沉或多彩的环境；而在休息区，考虑到为客户提供放松的环境，应选择柔和不刺眼的灯光。

4. 善于听取客户提出的意见和建议

不管是企业的管理层还是员工，对企业的感受和想法都只能出于有限视角，而对企业长远发展和改进起巨大推动力的还是那些接受服务的客户。他们的意见和建议在一定程度上代表着社会的走向和大众的选择，所以，明智地接受客户在改进硬件服务设施上的意见和建议，可以带来更高的客户满意度，在竞争中占得先机。

小提示

完善提升硬件服务设施在提高服务质量上的效果显而易见，更是处理客户投诉的有效变通方法，当客户投诉问题已经被解决后，真正地做到完善服务设施，才能提高客户对企业的好感度，从而有效地减少投诉。

第 10 章

投诉禁忌：命令、争辩、不作为

处理投诉的人员如果不注意自己的语气、态度及言辞等方面的问题，就极有可能让客户更加不满，令一些原本可以很容易解决的投诉升级，对个人及企业的形象和利益造成更大的损失。

使用命令的语气："你等着吧！"

工作人员处理投诉的时候，情绪可能受到客人的影响，但是不管怎样，既然客人投诉了，工作人员就应该本着"客户是正确的"原则，尽力地理解并尊重客户，迅速地找出矛盾所在，并尽快地给客户满意的答复，不能让客户的投诉影响到公众对企业的信任，应该争取变坏事为好事。

张文静是一名客服人员，平时脾气还行，但是有时候遇到一些讲不通道理的客户，她就很容易不耐烦。

一天，张文静接到一位朱先生的咨询电话，经过询问，才知道这位朱先生的手机因为开通了彩铃业务每个月会比以前多支付5块钱，朱先生对此很不解。

朱先生说："你们企业彩铃业务是自动开通吗？我根本没让你们开通啊。"

张文静一听就明白了，问："那您是不是接到过电话或者短信问您是否开通彩信？"

朱先生想了想，说："好像有人给我打电话，问我要不要开通，但是当时我说的是考虑一下啊。"

张文静说："朱先生，一定是您同意了，才会给您开通，否则我们是不会为客户开通彩铃的。"

朱先生说："不可能，我记得当时我根本没有同意。"

张文静说："先生，您不用着急，我们与客户沟通时，一般都有全程录音，如果您不放心，我就联系我们的工作人员给您找找，让您听一下电话录音。"

朱先生说："那也没必要，你现在给我取消就好了，我不需要这个彩铃业务。"

张文静说："先生，您的这个彩铃业务已经开通了，如果当时开通的是捆绑的话，必须合约期满之后才能取消。"

朱先生说："那我要等到什么时候，我现在就要取消，不然我就去投诉你们企业乱收费。"

张文静说："先生，我们可以去查当时的语音记录，就算您投诉也没用。"

朱先生说："那谁让你们给我打电话推荐呢？当时我又不懂。现在你去找你们领导，让他给我取消了。"

张文静一听，觉得很可笑，说："什么业务都是有统一规定的，就算您找我们企业的领导，也一样解决不了。"

朱先生觉得自己受到了欺骗，直接打电话给这个企业的客服部长，但是这个客服部长竟然用命令的口气说让他慢慢等着。瞬间，朱先生觉得这个企业简直令人失望到顶，但是当时确实是自己同意的，又无可奈何，只好作罢。但是，朱先生晚上回到家，就在贴吧里爆料了这个企业不负责任的行为。

在这个案例中，朱先生的投诉没有得到有效的解决，虽然朱先生本身也有不对，但是客服人员面对客户的时候又怎么能用命令的口气呢？

处理客户投诉时，工作人员应该使用何种语气跟客户交谈才能达到事半功倍的效果呢？

1. 不卑不亢

有时候确实是企业方面的问题给客户造成了不便，导致客户投诉，一些客服人员就会不由自主地对客户低声下气，希望客户息事宁人，但实际上这样唯唯诺诺的语气并不利于问题的解决，也不利于客服人员专业形象的树立。

同样，用盛气凌人、居高临下的姿态对待客户也是错误的，如果客户觉得你用命令的口气跟他说话，就会觉得心里不痛快，这样更加不利于投诉得到解决。

所以，正确的语气是不卑不亢，用冷静理智的姿态解决问题。

2. 言语要委婉

相同的意思用不同言辞表达出来，给人的感觉是不一样的，可以让人觉得如沐春风，也可以让人觉得寒风刺骨。举例来说，一位客户因为没有听明白你讲的意思，希望你能再解释一下。如果你直接说：“这还没明白？我再说一遍，你听好了。”这时这位客户一定颇为恼火。如果换一种委婉的说法：“也许我刚才没有解释清楚，那我再给您详细说一遍。”这时，客户就会感觉到你的善解人意。

一句话用不同的方法表达真的会影响对方的情绪。

小提示

与客户说话的语气其实也体现个人的修养，所以，就把客户当作朋友去对待吧！

与客户争辩：“你凭什么说是我们的问题呢？”

一些销售人员非常排斥客户投诉。他们一般不会主动询问客户使用产品的情况；即使客户打电话抱怨或投诉时，也是采取漠不关心的态度，抑或推卸责任、与客户争辩，使问题越闹越大。

江城是一家电器企业的销售员。虽然每天他都很忙碌，但是业绩一直都不好，这让他非常苦恼。有一天终于成交了一单，江城恢复了一些信心。然而，第二天大清早，江城正为一位客户介绍产品时，昨天的客户王女士突然怒气冲冲地进入企业，大声说：“他们就是骗子！都不要买他们的产品了！我昨天刚买回去的面包机，怎么今天就坏了呢？真是倒霉……”

王女士的话还没说完，江城就打断说道：“事情还没有弄清楚，你凭什么说是我们的问题呢？不要在这里骂骂咧咧的，真没有教养！”

王女士说：“你说什么？你竟然说我没有教养？是你们的产品不行，反倒还说起我来了！”客户显然被激怒了。

江城气愤地说：“那你先说说我们的面包机怎么不行了？”

王女士提高嗓门说：“昨天在你们企业试用的时候还没有问题，但是今天我在家里使用的时候，它就没有反应了！你说这是怎么回事？”

江城不甘示弱地说："那是不可能的，你带走的那台就是昨天试用的那台，根本没有问题。除非你忘了打开侧面的开关！"

王女士说："你说什么开关？我怎么不知道侧面有个开关。你昨天怎么没有跟我说呢？"客户的声音明显有些底气不足。

江城顿时感觉占了上风，说："怎么样，这是我们产品的问题吗？快回去吧，不要在这里影响我做生意。是你自己操作不当，还胡乱埋怨我们的产品！"

王女士说："你们根本就没有跟我说开关的问题，真是不负责任！就你们这样的服务态度，我瞎了眼才会买你们家的产品！"

江城说："你以为我们稀罕你这样的客户吗？还好意思说！别在这里恶心人了……"

两个人争执不到十分钟，吸引了几十个人围观，有人甚至拍了照片，传到网上。那位原本准备购买产品的客户对江城的行为感到非常吃惊，默默地离开了。

闻讯而来的售后服务人员赶到现场，拉起王女士的手说："走，我和你一起去找经理去。"王女士跟随售后服务人员离开，人群这才散开。

经理了解决情况后，确认是销售人员的过失，又耐心讲解，对王女士做了补偿，王女士的情绪才稳定了下来。

江城没有意识到处理客户投诉的重要性，将客户的投诉当成了包袱，害怕处理投诉会带来经济上的损失。正是这种错误心态反而会将投诉的负面影响扩大，既损害了企业的形象，又影响了销售，造成的经济损失远远超过单纯处理投诉的费用。

事实上，真正的销售始于售后。销售的过程就是通过产品满足客户需求，消除客户不满的沟通过程。客户投诉的时候，正是在主动描述自己的不满，这时销售人员就有机会改进产品与服务，为进一步销售做准备。

然而，并非所有客户在不满时都会投诉。研究表明，即便有不满意的情况，96% 的客户不会主动提出，只有 4% 的客户会提出来。另外，遇到问题不投诉的客户再次交易的意向很低，只有 9%；而投诉了，即便问题没有得到解决，客户再次交易的意向也会提高到 19%；投诉后主要问题获得解决的客户再次交易的概率是 54%，那些投诉后主要问题马上得到解决的客户再次购买的概率则提高到 82%。

因此，没有投诉并不等于客户对服务满意。销售人员应当主动了解客户使用产品的情况，积极处理投诉，以增进客户的满意度。像江城一样逃避、推卸责任，甚至与客户争辩的销售人员终将失去客户的信任，破坏与客户的和谐关系。那么，针对态度激烈的客户投诉，应该如何应对呢?

1. 倾听客户，让客户发泄不满

面对客户投诉，要扮演好一个听众的角色。如果我们拒绝倾听客户的异议，妄加猜测，那么就会进一步激化与客户之间的矛盾，引起更大争执。让客户多说说，其实就是在给客户一个发泄的机会，切不可无故地打断客户，甚至加以责备，与之辩论。

2. 真诚致歉，对客户表示理解

当客户发泄不满之后，我们应当真诚地向客户道歉。真诚道歉的行为不仅表明了勇于承担责任的态度，也塑造了我们作为销售人员诚实可信的形象，有利于强化客户的信任，缓解其不满情绪。另外，我们需要在情感上对客户表示理解，以勇于分担的方式争取客户谅解。比如，我们可以说"您讲得有道理，我们以前也出现过类似的情况。""这种情况很少见，要是我，也会非常生气。"

需要注意的是，不管是产品的问题，还是客户自身的问题，都要控制好我们自己的情绪，不与客户争辩。

3. 冷静分析，委婉表明自己的观点

针对态度激烈、爱争论的客户，“先礼后兵”是最好的应对方法。即向客户道歉，表示理解后，再拿出具体事实或权威论证，委婉表明自己的观点。“先礼后兵”法的精髓是先平息客户的激动情绪，然后再用事实说服客户。

需要特别注意的是，讲述具体事实的时候，尽量回避一些生硬的词语，态度诚恳，语气平和，才能让客户心服口服。

4. 商量一个双方都能接受的解决方案

通过倾听，我们需要发现问题所在，然后询问客户对解决问题的意见。针对客户的要求，我们需要与之商讨一种双方均能接受的合理的解决方案。在此过程中，切不可误导欺骗客户，以免出现新的问题，引起二次投诉。

像江城一样控制不住自己的情绪，与客户争论的销售人员不在少数。不管我们私下经历了什么，有什么不痛快，面对客户的时候都应当‘改头换面’。犀利的话语常常是导致我们与客户发生争执的导火线，而争执的结果不仅是损失了一位老客户，还会损失很多潜在客户。面对客户投诉的时候，切忌与客户发生口舌之争，断送自己的成交机会。

小提示

与客户争辩最终吃亏的还是自己，应记住“和气才能生财”。

语言含糊：“不知道，不了解。”

客户去投诉就是希望自己的问题能够得到快速解决，如果客户满怀希望地去找工作人员，得到的却是“不知道”“不了解”之类的敷衍之词，他们又怎么能满意呢？

工作人员应该以一种诚恳的态度为客户解决问题，不要让客户觉得有了问题却找不到人来解决。在这个服务至上的时代，如果一家企业没有优质服务，是难以生存下去的，更不用谈发展壮大。

2016年8月23日晚11点左右，黄先生从机场出来，打算用手机给家里打电话，拨号以后，手机传出了“嘟嘟”声，黄先生就以为是家里人正在和别人通话，没太在意。

第二天一早，黄先生用手机拨打妻子的电话，竟然和昨天晚上一样，还是一直占线，他就觉得有些奇怪，突然想起来前一段时间有人问他这个手机号码是不是不用了，因为电话老打不通。他意识到自己的这个号码也许出问题了。黄先生用另一个手机给这个号码打电话，发现这个号码是空号。过了一会，他再打这个号码，竟然又打通了。

黄先生马上给服务热线打电话，但是打了两三次电话，都没人接，黄先生就想难道7点还没上班？大概到了8点的时候，黄先生又打了一次，终于打通了，他把打服务热线没打通的事讲了一遍，客服小刘随口回道：“不可能，我们是24小时值班，大概刚才值班人员在接其他电话，所以您没打通，以后您多打几次就好了。”

黄先生也不想跟客服扯太多，就把自己的电话号码出现的问题跟客服说了说，想知道怎么解决。客服小刘却告诉黄先生，他手机号码出现这种情况，只有出问题的时候才能看出来是什么毛病，现在显示一切正常，没有办法查出来出了什么问题。但是，黄先生说手机出毛病的时候，又怎么打服务热线呢？再说这个情况只是不时出现，要是在情况非常紧急的情况下手机突然出现问题怎么办？

但是客服小刘只是一再强调现在不能处理，其他问题“不清楚”“不了解”，这让黄先生十分生气。

在这个案例中，客服小刘一味地说“不知道”“不清楚”，也不给客户一个解决办法，客户关心的问题也不解决，这样做是非常不好的。那么，如果一时不能解决客户的问题，应该怎么办呢？

1. 坦诚相告，做好记录

对客户实话实说，现在你解决不了他的问题，但如果你只告诉他这么多，客户肯定不满意，所以根据情况，要请客户留下联系方式，并说明你已经把问题记录下来，稍后会找人解决，一有消息就会立刻告诉他。这样，客户不仅不会埋怨你，还会觉得你是一个坦诚的人，利于交流。

2. 请教同事或上级

如果有老同事或者上级在旁边，可以立刻求助，请其帮助为客户解答；如果问题是有关技术方面的问题，可以直接连线技术部门，不要因为不知道就直接回绝客户。

3. 避免不懂装懂

告知客户你不能解决，但稍后追踪解决，一般客户也会理解，但若是不懂装懂，对客户的问题胡乱回答，则可能造成不良后果。

小提示

无论什么时候，如果客户的问题你解决不了，一定告诉客户你会想办法尽快地帮助他。

直接拒绝客户：“这不在我们的受理范围内。”

有时候客户投诉时会提出一些不合理的要求，有些工作人员没办法，面对客户的无理要求就想直接甩手走人或者来一句“这不在我们的受理范围，你去找管这事的人吧”。但是这种横眉冷对的处理方式不仅会影响客户对服务人员的评价，让客户感到没有受到尊重，更会影响企业形象。

赵国民去年刚退休，平时在家没事，他的儿子就给他买了一部最新的智能手机。但是最近一个月，赵先生在家打电话总是出问题，时断时续，让人很闹心，于是他就去小区附近的营业厅了解到底是什么问题。

赵先生来到营业厅，向客服吴南宇反映："小伙子，最近我在家打电话老是时断时续，有时候还掉线，是不是你们的通信网络出问题了？"

吴南宇摆弄着手里的鼠标，问："请问您住哪个小区？这样的情况出现多长时间了？都是什么时段会出现这种现象，以前出现过这种情况吗？"

赵先生听着这一大串问题，感觉头都晕了，说："你慢点，我家就是这个小区，离你们很近的。"赵先生想了想继续说："最近一个月出现的这种情况，以前没有遇到过，至于你说的什么时段，我没注意。"

吴南宇说："刚才我查了查，这里也没有你们小区居民投诉通信网络问题的，是不是您自己的手机有问题？"

赵先生很生气地说道："就是你们的问题，你们不承认就算了，还说我手机有问题，这手机可是儿子新给我买的，还没用多长时间呢。"

吴南宇也有点儿生气，自己一直为他查资料，怎么对方还不讲理了，便说："不是通信网络问题，至于是你的手机问题还是其他问题都不在我们的受理范围之内，谁能给你解决，你就去找谁吧，我们解决不了。"

赵先生气愤地看着他说："你这什么态度，本来就是你们的问题，我要去投诉你。"

在这个案例中，营业人员已经相当认真地处理客户的投诉了，但是仍然引起了客户的二次投诉，为什么呢？因为在处理客户投诉的时候，工作人员应该避免把责任推给客户，就算真是客户的问题，也应该用比较委婉的说法告诉客户。

那么应该怎样拒绝客户的要求，而客户又能接受呢？

1. 学会有效沟通

拒绝客户不仅仅是对客户简单地说"不"，还要考虑怎样让客户接受信息并且要把握对方的感受。可以和客户进行沟通，明确沟通的目的，注意沟通的时间和态度。

2. 采取一些照顾客户面子的方法

借力法，在这个案例中，吴南宇可以说："先生，不是我不帮您，这个网络真的没问题，不信您去问问我们的店长，您问他也是这个答案。"

委婉法，这个案例中的吴南宇可以告诉赵先生："先生，经过我们查询，您小区的网络确实没有问题，咱们再看看是不是其他地方有问题，您别急。"

在某些场合，还可以使用幽默法、回避法等，都可以避免直接拒绝客户，更好地维护企业的利益和形象。

小提示

遇到客户对一些问题过分执着的情况，工作人员应当学会控制一些负面情绪，既不要让自己的拒绝过于强硬，也不要表现得过于激动。

对客户置之不理：不做任何回应

工作人员应该有这种意识，客户投诉，抱怨企业的产品、服务或者其他方面，那么他的心里最希望的还是自己的问题能够得到解决。

如果工作人员对客户的投诉置之不理，不对客户做出回应，那么一定会造成不良后果。

周成宇在一家专门生产打印机耗材的企业工作，是一名销售经理，该企业的产品口碑不错，在全国各处都有销售点。

一次，周成宇为企业接到了一位海南客户的订单，并且这位客户已经是第二次与周成宇所在企业合作了。经过磋商，两家谈好价格、数量和交货时间，客户也支付了预付款，周成宇所在企业开始生产。

但是一个月后，那位海南客户联系周成宇，要企业停止生产，因为他们的库存现在有了变化。周成宇想，这可不是小事，也不是他说了算的，再说有合约在手，根本不怕对方，所以就告诉海南的客户企业这边的材料都已经采买妥当，不可能停止生产了。那个客户可能也觉得有些不妥，就同意周成宇这边先继续生产。

但是就在周成宇督促生产，赶在合约期内完成生产任务的时候，那个客户竟然要求企业与他们重新确认订单数量，周成宇顿时觉得这个客户简直就是大麻烦，根本不懂合约是什么，索性就直接告诉他们必须按原来的订单走，要不然就是数量只能增不能减，否则他们就是违约。

海南的客户说周成宇没有人情味，不知道通融。

三个月过去了，周成宇看着企业的工人已经把货备齐，就赶紧把货交了。但是半个月以后，海南那家客户又说不满意，说有的货芯片都生锈了，要求重新把所需芯片发过去更换。

但是周成宇知道这根本不是货品的问题，前一次的合作就很愉快，提交的货品质量都有保证，偏偏这次找事，摆明了就是想要优惠，但是这边生产也有成本，根本不可能给予太多优惠。

而海南的客户看周成宇不太乐意，就在微信上告诉周成宇，如果不给他们一定的补偿，就要把生锈的芯片补上，否则就要打电话给周成宇的老板直接商量此事，还会在周成宇老板面前“美言几句”。

周成宇根本没有被吓到，因为他认为自己是在维护企业的利益，老板只会站在他这边，反正那个客户已经交过余款，害怕他干什么，所以他就没有把那个客户的话放在心上。

可是，周成宇没想到的是老板竟然找他谈话，还扣了他当月的奖金，说让他自己好好想想。

在这个案例中，周成宇作为销售经理维护企业的利益没有错，但是却没有考虑到客户为何会平白无故地说芯片生锈，也没有积极想办法与客户协商对策，更没有想如何获得与客户再次合作的机会。

对客户的要求不理不睬是处理投诉的大忌。销售人员面对客户提出的打折优惠，既不能给客户太多优惠，又怕不满足客户的要求会失去客户，所以很多时候不知道该怎么回应。那么，我们来看看如何应对这种局面。

1. 以权限受到限制为由回应客户

可以告诉客户自己的权限受到限制，告诉客户“现在给您的价格已经是我能给的最大优惠了，如果我有权利，再给您一些优惠也没问题，但是目前我真是没有办法”。以这种方式回应客户可以委婉地告诉客户不能再给他优惠了，这种情况是客观条件造成的，不是你的主观态度，这个时候客户一般能够体谅，对抗情绪也会弱一些。

2. 以一定的利益补偿回应客户

如果一下子回绝客户不合理的要求，客户很可能就会结束你们之间的合作，或者以后都不会再选择与你合作，所以可以考虑以另外方式的补偿客户。

例如该案例中，周成宇可承诺下次合作，会给这个客户一定的优惠，那么周成宇就不会遭到投诉，还能赢得下次合作的机会。

但是如果拒不回应客户的要求，客户肯定会急躁，而且觉得这个企业或者个人不可靠，肯定不会与你再合作，还有可能在商业圈散布消息，影响企业的信誉和形象。

故意拖延不作为："你一周后再来吧。"

有些工作人员在处理客户投诉时，总是拖拖拉拉，不愿意及时解决问题，这样的做法也是对消费者不负责任的表现，只有积极维护消费者的合法权益，切实处理好客户的投诉，才能化解消费者心中的抱怨，化干戈为玉帛。

2019年5月某晚7点多，杭州一家酒店来了一位40多岁的男客人，看穿衣打扮像一位成功商人。他进到酒店大堂以后并没有像其他客人一样办理入住手续，而是坐在大堂沙发上玩手机，不时还用微信给朋友发语音，问朋友大概还需要多长时间到酒店，服务人员以为这位客人是在等朋友。

过了大概半个小时，一位拉着箱子，穿着名牌运动衫的男性从酒店大门进来，刚才坐在沙发上玩微信的客人紧跟着这位客人来到前台，看着这位穿运动衫的男士办理入住手续，跟着他上了楼，酒店的接待员都以为他们是朋友，所以没有多想。

过了约十分钟，那位40多岁的男士从楼上下来，出去买了一瓶矿泉水回来，又坐到沙发上，继续玩手机。不一会儿，办理入住的那位男士匆匆下楼，一边打电话一边跑了出去，就像没看见坐在沙发上的朋友一样。但是那位40多岁的客人看见他出去，赶紧追了出去。

一个小时后，那位40多岁的男士回来了，走到前台，告诉酒店的接待员他朋友忘拿东西了，叫他来取。为了慎重起见，接待员还问了房号和入住客人的姓名，这位客人都一一回答了，还说怎么不相信他。接待员想着刚才他们一起上楼，就认为他们是朋友，直接让工作人员把房间打开了。没过多长时间，这位客人拉着箱子来到了大堂，还对前台的接待员说“谢谢”，然后直接离开了。

晚上 11 点多，那位穿运动衫的男客人回到酒店发现自己的行李不见了，问了前台，接待员告诉他是他朋友拿走了。

这位客人十分惊讶地说：“我来到这边都没有朋友，哪来的朋友拿行李。”前台接待员突然反应过来，那位 40 多岁的男子可能是小偷。穿运动衫的客人说自己行李箱里有新买的笔记本电脑，价值 8000 元，一台照相机，还有换洗的衣服。

酒店接待员一听就知道自己根本赔不起，索性就对那个客户说：“那个男子是与您一起上的楼，而且他还能说出您的名字，我们大家都以为那是您朋友，再说这也是您没有保护好自己的个人信息，所以这事情跟我们没有关系。”

穿运动衫的男客人说：“你还讲理不讲理？现在是你们把我的行李弄丢了，你连一句道歉的话都没有，反过来还怨我。”

酒店接待员说：“就是您自己的问题，是您自己没有保护好个人信息。”

男客人说：“你不用在这儿推卸责任，你就说我的行李怎么能找回来，多长时间能够找回来。”

酒店接待员说：“现在只有报警了，至于什么时间找回来，大概一周吧，您现在可以先去办事，一星期之后再来。”

在这个案例中，酒店接待员没有在事故发生的第一时间为客户寻找解决办法，反而是急于撇清责任，之后也没有积极地回应客户，故意拖延，这种做法会激怒客户，接待员和酒店都会遭到客户的投诉，遭受巨大经济损失。

故意拖延、不积极为客户解决问题是不负责任的表现，那么究竟该如何调整心态，避免拖延呢？

第一，故意拖延，说明你没有重视客户的投诉。被客户投诉，从个人角度来讲，可能关系到你的职业发展。如果客户对你的处理不满意，那么就有可能向你的上级继续投诉，这个时候他不仅投诉原来的问题，还极有可能把你的不负责任告诉你的上级，那么，你的职业素养必然受到上级的质疑，也许还会因此丢掉工作。

所以，就算为了个人的发展也要重视客户的投诉，积极为客户解决问题。

第二，我们任何一个人都是消费者，你现在在这个行业解决客户的投诉，那么有一天你也因为某些问题想要投诉别人，如果遇到工作人员是对你的问题不上心，你会怎么办？将心比心，同样都是消费者，那又何必各自为难呢？

所以，故意拖延就是对自己的不尊重，对消费者的不尊重，对企业的不负责。无论从哪个方面说，都应该调整心态及时并且积极地为客户解决问题。

小提示

重视客户的投诉，做一个有职业道德的人，对以后的职业发展将会大有裨益。

批评和讽刺客户：“你太笨了！”

大多数人都希望自己能够得到肯定，希望自己的问题被重视，而不是被人讽刺挖苦。但是，在实际生活中，有些工作人员由于自己精通本行业的知识，就认为客户提出的一些问题是小儿科，很简单，就会忍不住批评客户。可是，批评讽刺客户是处理投诉的大忌，很有可能引起争端。

张明琪是武汉一家企业的售后工程师，一天，一个电话打进来，是一位姓黄的女士，说是他们企业的客户，现在机器发生故障，请张明琪去看一下。张明琪详细问明故障情况，发现是一个非常简单的问题。所以，张明琪就告诉黄女士："黄女士，这个问题很容易解决，您把机器重启，然后把出问题的零件拆下来，抹点润滑油就好了。"

但是黄女士却打断了张明琪，说："你最好来一趟，机器价值几百万元，谁也不敢随便乱动。"

张明琪真的觉得没必要跑一趟，就说："真的很简单，不会出事的，我修了这么些年也没出过什么问题，您按照我说的做就行。"

黄女士仍然坚持让他来一趟，张明琪没有办法，就把手里的活放下，去了黄女士的工厂。到了地方，张明琪用了10分钟就把所谓的故障解决了。他告诉黄女士："故障已经解决，你们这里的员工也真是的，一点小问题都不知道怎么办。如果我们工程师不能及时赶来，这不是耽误工作吗？真是太笨了。"说完，张明琪就匆匆离去。

没想到第二天，主管就找张明琪谈话，说有人投诉他。

张明琪问："怎么回事？为什么有人投诉我？"

主管说："你昨天去黄女士那边修理机器，是不是说了什么不该说的话？"

张明琪想了一会儿说："好像没说什么，昨天那个问题挺简单的，没费多大劲就解决了，倒是觉得他们都挺笨的。"

主管说："你说人家笨，人家能不投诉你吗？尊重别人是我们售后人员的基本准则之一。”

张明琪听了之后，慢慢地低下了头。

在这个案例中，张明琪讽刺客户，仅被领导找去谈话是比较轻的后果了，如果客户比较生气，有可能一直投诉，直到张明琪为自己的不当言行付出代价，包括经济损失和声誉受损。

首先，我们应该认识到，讽刺批评客户是不恰当的行为。无论是对客户，还是在生活或者学习中对家人、朋友、陌生人，尊重别人是获得别人尊重的前提。

其次，骂客户笨，其实是对自己工作和客户的不负责任，认为问题过于简单就不想处理，又鄙视客户，一定会影响企业的声誉。

小提示

鄙视客人，就是在自毁前程。

发生肢体冲突：推搡、泼水等

有时候来投诉的客人可能怒气冲天，一言不合还可能与工作人员发生肢体冲突。而有的工作人员对客人同样不客气，把所有的职业道德、服务礼仪早都抛到九霄云外。这样做不仅会给工作人员本人和其企业带来经济损失，同时企业的形象一落千丈。除此之外，如果不能妥当处理，客户还有可能诉诸法律，让企业或者个人陷入官司的漩涡。

2019年初夏的一天上午，南京一小区护卫队员向上级报告，该小区的业主孔先生在外墙上开孔安装空调，这个位置不是物业企业规定的位置。专门管理装修的管理人员宋辉赶到孔先生家时，孔先生正指挥工人安装空调。宋辉带着巡视员查看了一番，发现空调的安装位置确实偏离规定位置很多。

宋辉就对业主孔先生说，把空调安装在这里是不符合规定的，而且也影响整栋楼的美观和统一布局。孔先生对宋辉根本不理睬，权当没听见，继续指挥工人干活。这时，一位巡视员告诉宋辉，孔先生请的装修队把暖气立管打漏了，这可能影响很多住户使用暖气，到时肯定会有许多业主投诉。

宋辉听后，就上去跟孔先生说明这个情况，希望他能停止安装空调。但是孔先生仍然像没听到一样。宋辉就一把拉住孔先生的胳膊，想要提醒他。但是孔先生一下子把宋辉的手甩开，大声地喊道："你干什么呢？我在我自己的房子上打洞，关你什么事？"说完，还推了宋辉两下。

宋辉也火了，上去就是一脚，踢得孔先生一个趔趄，随后两人撕扯起来。安装空调的工人也不装了，旁边的巡视员赶紧上前拉架。

最后，孔先生直接到物业企业投诉宋辉殴打业主，要求宋辉赔偿医药费、精神损失费，还要对他道歉。

物业企业了解了详细情况后，知道孔先生属于违章作业，宋辉及时制止、规劝，这些做法都是正确的。但是无论如何不应该和业主发生肢体冲突，而应该尽最大努力和业主协商，讲明不允许在那个位置安装空调的具体原因不仅仅是因为影响统一规划和美观，还因为空调安装在那里，冷凝水管要走很远，比原来规定的位置要麻烦得多。如果这样讲清楚，相信也不会起那么大的冲突。

那么，工作人员应该如何避免和客户冲突起来呢？

1. 保持距离，自我克制

当工作人员与客户发生冲突时，一味地妥协解决不了问题，但是也不能与客户硬碰硬，如果觉得自己忍受不了客户的行为，不要与客户发生肢体冲突，要克制自己的情绪或者寻求同事来与客户交流。

2. 转换冲突焦点

与客户发生冲突是因为双方互不认同对方看法，但是对方是客户，所以工作人员应该换一种方法与客户沟通，向客户表明其提出的方案是为客户考虑的。

3. 客观的态度和谦让的精神

为了避免与客户产生冲突，工作人员应该以一种实事求是的客观态度对待客户。客户是消费者，工作人员是为客户服务的。那么，无论哪一方有理，工作人员都应该把自己的情绪控制好，谦让地对待客户。

小提示

与客户发生冲突，最终吃亏的还是自己，所以学会控制自己的情绪吧！

第 11 章

危机公关：如何处理极端负面事件

企业在发展壮大的过程中，难免会遇到一些负面事件。如果不能及时有效处理，将会对企业的发展构成威胁。所以，对危机进行监测、判断，然后迅速采取措施转移大众的关注，尽快与客户沟通是非常有必要的。

负面信息对企业发展构成一定的影响，更有甚者会危及企业的生存与进一步发展。负面信息影响销售，影响品牌形象，各企业都在着力提升品牌的知名度与美誉度，可是负面信息会成为业内人士的话柄，成为企业发展史上的污点；企业招聘员工，洽谈合作，负面信息都可能成为一块“绊脚石”。

5w1h 六要素

当今网络发达，每一个人都可能成为“新闻源”，在这种环境下，就更应验“好事不出门，坏事传千里”这句话，稍有不慎，有关企业的负面信息就会被广泛传播，令企业面临困境。

张月和刘梦梦是一家科技企业的网络顾问，2016年“十一黄金周”，她们打算去云南旅游，保险起见，她们出发前在网上预订了房间。她们坐飞机到达云南后，找到了那家旅店，准备去登记入住，一位值班工作人员却告诉她们客房已经满了，让她们另外找地方住。但是这是旅游旺季，找住的地方很不容易，而且那位值班人员的态度恶劣，让张月和刘梦梦接受不了。

无可奈何，张月和刘梦梦只好离开。一天之后，她们制作了一个幻灯片，描述了在那个旅店的经历，发在微博上，并很快成了热搜。知道这个情况以后，很多旅游的人都不愿意去那家旅店住宿了，也许这就是网络的威力。

旅店的领导层知晓了这件事后，迅速在网上对张月和刘梦梦公开道歉，并且向大众承诺会重新培训员工，保证此类事件不会再发生。

通过这个案例看出，负面事件通过网络发酵很快，对企业的影响也是巨大的。危机事件的发生具有不确定性，且危害性巨大。那么，处理这类负面事件应该如何着手呢？

第一，一般的负面事件对企业来说可能原本不是危机，但是经过媒体的报道，负面事件就会迅速升级为影响企业生存的危机事件，所以企业首先必须将事件的真相搞清楚，具体来说就是5w1h，什么事（what）、事件发生的时间（when）、地点（where）、原因（why）、涉及的人员（who）和如何解决（how）。

只有迅速掌握住这六个要素，企业在处理事件的时候才能认清整个事件的发展态势，比如这件事情在网上流传了多久，企业需要多长时间才能够平息民众对企业的抵制。进而，企业可以制订短期方案和长期策略，在紧急时刻企业需要在很短时间内做出切实动作来挽救企业的形象。

第二，查明事件涉及的人员，向对方公开道歉，如果能够赢得对方的谅解，那么公众对企业的抵制可能少一点。相反，如果企业一味推脱，拒不承认错误，则无法安抚群众、得到群众的谅解。

广州有一家餐厅很有名，但是因为没有及时处理危机事件，后来几乎破产。事情是这样，那天有五位客人在包厢吃饭，其中一位客人在一道菜中发现了铁丝，于是要求餐厅方面给出解释，要么免单，要么赔钱。可是，餐厅主管只愿意给那道吃出铁丝的菜免单，或者重新换一道菜，不愿意给予其他赔偿。双方各持己见都不愿意让步，令酒店没想到的是，那位客人直接把那道菜里的铁丝挑出来，放到菜的最上端，拍了视频放到了网上，还标明了餐厅的地址。

结果可想而知，很多人都感叹，原来这家有名的餐厅也会出这样的事，有的人更是宁肯信其有，不肯信其无，干脆就不去这家餐厅用餐了。但是，这家餐厅还是不道歉，并在网上指责那位客人，在官网上说了一句："公道自在人心。"可是，对餐厅来说，无论其在这件事情上对错与否，损失却已经造成了。

所以，无论孰对孰错，在负面事件发生后，保证负面事件不影响企业的业绩才是正确的处理方针。

小提示

快速掌握事件发生的六要素（5w1h）是危及公关的第一个重要步骤。

5S 处理原则：责任、真诚、速度、系统、权威

"时间就是金钱"这句话在危机公关处理方面同样适用，有些企业因

为延误时机，导致公关效率大打折扣，给企业和员工都造成了不小的损失。然而，处理负面事件需要的不仅是速度，还有承担责任的勇气、真诚沟通处理的态度、系统处理的程序和权威人士或者权威部门的认可。

范淑林在超市买了三瓶酸奶，回家打开了其中一瓶酸奶喝，没想到快喝完的时候，发现瓶底有一块玻璃碴，顿时非常生气。

于是，范淑林直接拿着酸奶瓶到超市去投诉，她觉得酸奶生产商简直就不负责任，拿客户的生命开玩笑，所以下定决心到那里之后要好好地跟他们理论，为自己也为广大消费者讨个公道。如果超市不处理，她就要把超市和酸奶生产商一起投诉到工商局，或者请媒体报道。

范淑林打定了主意，一来到超市就愤怒地说："你们难道进货不检查的吗？难道为了钱就连消费者的健康都不管不顾了吗？你们看看，这玻璃碴，如果不是我细心发现了，现在我可能就在医院躺着了。"

接待范淑林的工作人员柳承敏听着客户一连串的发问，并没有急于反驳，也没有恼羞成怒。他十分关心地看着范淑林，耐心地听客户诉说。等范淑林说完以后，他立刻问道："有没有哪里伤着？喉咙和嘴唇有没有关系？现在需要我陪您一起去医院看看吗？"

接待人员的反应让范淑林有点吃惊，刚才那咄咄逼人的劲头也没了，告诉柳承敏自己并没有受伤。

柳承敏听到客户这样说，表情才显得不那么紧张，好像舒了一口气，说："没有受伤那就太好了，如果这瓶酸奶被老人或者小孩喝了，后果可能就很严重了。"

范淑林觉得这位接待员虽然没说几句话，但是句句说得让人舒心，而且没有狡辩推诿，表现还不错。

接着，柳承敏认真地听取并记录了客户范淑林的建议，还保证向领导反映，一定会与酸奶的供货商沟通，系统全面地检查酸奶生产流程。

在这个案例中，接待员站在客户的角度去关心客户，为客户着想，是化解这次投诉的关键。试想，客户本来就怒火中烧，如果接待员与客户争论或者不承认超市有责任，那无疑是火上浇油。所以，为客户的利益着想才能顺利地解决问题。

那么，从宏观方面来说，危机公关需要遵循哪些原则呢？

1. 承担责任原则（Shoulder the Matter）

负面事件发生后，大众一般会比较关注自身的利益和情感，不论大众是否能从这件事中受益，他们一般都会站在消费者的立场来看待问题。所以，为了平息事件，无论受害者在事件中是否需要承担责任，企业最好首先把责任承担下来。当事人双方若没有一方妥协，各执己见，那么可能引起大众的反感。

大众关注的另一个方面就是情感，企业应该从受害者的角度出发，对他们进行安慰、道歉，争取赢得公众的谅解。如果不考虑群众的情感，那么企业就有可能满足不了群众和媒体预期得到的答案，事件的发展将会一发不可收拾。

2. 真诚沟通原则（Sincerity）

一旦企业陷入负面信息的包围中，很多媒体和网民都会时刻关注事情的解决进程，企业若想蒙混过关，只会搬起石头砸自己的脚，令事件更加难以收拾。

恰当的做法是主动站出来，表明诚心诚意解决问题的决心，防止不明真相的群众和闻风而来的媒体捕风捉影、胡乱猜测。

真诚沟通原则是处理负面信息的基本原则之一。具体来说，第一点就是在事件发生之后，在第一时间站出来表明企业解决问题的诚意，争取大众的同情和理解。第二点就是展现诚恳的态度，在公众面前不隐瞒、不回避自己的错误，诚恳地向消费者道歉，表明解决问题的诚意。第三点就是诚实，实事求是，如果此时欺骗群众，那么事件将会急速恶化，也将很难挽回消费者的信任。

3. 速度第一原则（Speed）

处理事情最忌讳的就是拖延，如果拖延，本来不太严重的问题就会像病毒一样迅速传播，变得不可收拾。所以，企业一定要当机立断，果断采取措施，防止事态的严重化。

4. 系统运行原则（System）

有时候事情发生以后，企业不仅要采取措施向消费者和媒体澄清，表明承担责任的态度，还要注意事件的起源，关注是否还会引起其他类似事件，绝不能顾此失彼。所以，这就要求在处理危机的时候，一定要系统解决，争取坏事变好事。

5. 权威证实原则（Standard）

权威证实原则是指，尽管企业宣传自己处理问题如何到位，这对挽回企业形象作用有限，但可以寻求权威人士的认可，一旦权威人士在网络上表示支持，那么这份支持的作用远比自卖自夸的宣传好得多。

小提示

对企业与客户的纠纷，处理人员应该以积极的心态面对，然后耐心地对待客户的埋怨，诚恳并慎重地向客户提出解决方案，避免问题严重化，造成更大的负面影响。

监测：总结媒体报道、预估事态发展

负面事件已经产生并且对企业造成了一定的影响，此时应该时刻关注媒体和公众对事件的看法，总结分析后，预测接下来事态会如何发展。如果危机公关不注意收集外界对事件的反应，主观做出应急方案，很可能不符合外界的处理需求，导致事态恶化。

张瑞是重庆一家连锁酒店的总监，旗下酒店和网上商务平台的合作一直很好，但是2022年11月，有个自称白先生的客户来到酒店，说是在酒店住了一晚，身上起了很多小痘痘。酒店经理黄启轩出面处理，对客户表示愿意带他去医院检查。如果确实是酒店的布草出了问题，酒店方面愿意承担一切责任。

但是白先生并没有同意去医院检查，只是坚持说酒店不卫生，还在网上给了差评。酒店经理黄启轩再次联系客人，白先生说去附近的诊所看了，只是水土不服。但是白先生听到酒店想要他删除差评，就要求酒店退还其在酒店消费的全部费用，否则不会删除差评。

酒店经理黄启轩把这件事上报给企业领导，觉得客户的要求太过分，不愿意满足白先生的要求。于是，酒店方面与网上商务平台联系，但是其负责人表示，酒店没有证据，不符合删除差评的规定，还称客户有权利在平台上维护自己的权利。

酒店方面也表示自己家的酒店在行业里也以追求品质而出名，酒店内的卫生都经过严格检查。而且事情发生后，酒店就组织人员检查了所有的布草，根本没有问题。但是，酒店方面对白先生的恶意差评无可奈何。

在这个案例中，酒店方面不愿意向白先生妥协，可是在这个网络化的时代，客户一条差评造成的负面影响是一百条解释也无法弥补的，因为公众大多会站在消费者的角度考虑事情。因为这一条差评，酒店将会失去很多客人，所以，这家酒店的危机处理人员没有考虑到随着事态的发展对酒店影响的严重程度。

那么，企业又当如何监测媒体的报道，把握事态的发展态势呢？

第一，事件发生后，如果有条件，可以召开媒体发布会，告诉各家媒体事情的真实情况。如果是企业的过错，那么向媒体表示尽快解决事件的决心，尽量让媒体在报道中展示企业肯负责、勇于负责的形象。如果不是企业的过错，可以向媒体提供证据，说明真相，同时也表示对于“受害者”的理解。

第二，通过各种渠道，比如贴吧、微博、微信等网络平台收集公众对这件事的看法，找到大众的关注焦点。一般在各种评论中，网友会表达自己的观点，企业应对媒体报道和网友的观点进行整理分类，然后针对这些问题，提出精确的对策，争取一次就能把问题解决，恢复公众对企业的信任，挽回企业的形象。

小提示

监测舆论的精髓就是集百家之言论，找到大众观点的主体方向，把握事态的发展。

危机判断：利益相关者分析

危机一旦产生，企业除了要考虑到如何解决危机事件本身外，还要考虑到危机产生后与企业利益相关的多个方面。有的企业是股份制企业，在遭遇危机以后，如果处理不得当，企业的股东或者员工等多方面的利益将会遭受很大的影响，因为他们有的需要承担企业经营的风险，有的对企业的运营承担监督和制约的责任。所以，处理危机的时候需要分析企业各方的利益相关者。

一对父子吃了某食品厂生产的食品后，上吐下泻，目睹了全程的妻子更是心急如焚。当天，作为记者的妻子刘云，把事情经过和丈夫、儿子生病的情况直接在网上发帖，引起了公众的关注，不少媒体纷纷来采访他们一家三口。

更多的人关注的是食品厂的反应。因为刘云直接把事情曝光了，并没有去找食品厂，所以厂家的领导直到媒体来采访才知道出了问题。

食品厂的领导面对媒体的采访，刚开始拒绝回答，因为他们也是一头雾水，但他们承诺会在24小时之内查明情况。

食品厂的管理层开会讨论，觉得首先应该去看望刘云一家，问清楚情况。后来经过查证，原来是与食品厂合作的一个小超市，因为没有及时撤下过期的食品，才导致刘云的丈夫和孩子上吐下泻。

食品厂向各媒体澄清事实，并表示对刘云一家的同情，保证以后会加强对过期食品的回收，杜绝过期食品再销售。食品厂的这一行为，备受广大群众的好评。

这个案例中食品厂的危机解除了，但是我们还是需要了解一下，如果危机解决不了，与食品厂利益相关的各方将会有何种表现和损失，这有助于我们看清形势，处理问题更到位。

1. 来自员工

危机发生后，如果企业迟迟不能解决，那么企业里可能出现人心惶惶的情景，员工会对企业失去信心，进而他们提供给客户的服务和产品就可能打折扣。员工之间还可能相互谈论这个危机会不会影响他们的饭碗，严重的将引起集体辞职或者跳槽，这对企业来说是雪上加霜。

2. 来自客户

危机发生后，由于媒体的渲染和舆论的力量，客户就会对企业的产品产生不信任感，尤其是关乎健康的事件，他们会“宁信其有不信其无”，拒绝再购买企业的产品。

3. 来自投资者

危机发生后，企业的一些股东必定担心企业效益受损，自己的股份变得不值钱，所以可能卖掉股份，使企业的根基动摇。

4. 来自合作者

危机发生后，企业的合作商户以及其他业务的合作伙伴，为了避免自己的利益受到危害，极有可能与企业终止合作，使企业的运营更加举步维艰。

5. 来自媒体

危机发生后，若企业没有处理好与媒体之间的关系，那么企业的负面信息将会铺天盖地地传播开来，进一步增添了处理危机的难度。若企业一直和媒体保持良好的关系，他们在报道的时候可能会“笔下留情”，为企业的危机处理提供喘气的机会。但是，危机的发生对企业来说也是一次机遇，就像案例中的食品厂，在危机处理时力挽狂澜，为食品厂提高了知名度。

小提示

对危机进行判断，尽最大努力兼顾到每个利益相关者，比如客户、合作伙伴、股东、媒体等，让他们的利益免受损害，这才是企业发展壮大应该走的路。

稀释负面信息：撤稿、换标题、发布新帖等

网络时代，信息传播速度惊人，一个企业的负面信息随时都有可能给企业带来灭顶的灾难。因为企业的一条负面新闻可能被网络无限放大，所以在这个时代，如何成功处理企业的负面信息成了一件重要且紧急的任务。

2016 年 6 月末，一家以生产饮料闻名的老字号饮料厂，因生产的

饮料不卫生，被一家晚报报道，称该家饮料厂被罚款3000元。

事情是这样的，一家当地的企业在2016年6月初从这家饮料厂买了500瓶山楂蜜果汁，作为夏日福利发给了企业员工。但是企业销售部的几名员工喝了这个饮料之后，感觉恶心，而且喝得多的员工还出现了腹泻的症状，几名员工被送到医院医治，医生诊断是食物中毒。这家企业的采购人员觉得自己受到了欺骗。

于是这家企业直接把那家饮料厂举报给市防疫站，市防疫站接到举报后，立刻组织人员去那家饮料厂检查。由于是突击检查，饮料厂来不及准备，防疫站的工作人员发现苍蝇在车间肆意横飞，原料山楂果片中还有一些有害的物质，桂花酱桶盖上黑乎乎的，不知道多少天没有洗刷了，厂里车间的墙角堆了很多纸箱，地面上有的地方还粘着脏东西，总之一句话，这个饮料厂已经严重违规，不符合食品卫生要求。市检疫站决定禁止该饮料厂销售饮料，并处以罚款警告，勒令饮料厂整改。

饮料厂的事件曝光以后，引起了群众的强烈反响。因为这个饮料厂在当地也算是比较有名，不少人都喝过这家饮料厂的饮料。一时间，微博上、微信上还有各大贴吧上都充斥着对这家饮料厂的责骂和批评，与这家饮料厂合作的生意伙伴也都纷纷停止与其的合作。

但是这家饮料厂的领导并没有认真检查自己的原因，反而指责新闻报道失实，拒不道歉，还在该饮料厂的官方微博控诉现在的群众看热闹不嫌事大，饮料厂做得好不关注，出了负面新闻反倒是一个比一个上心。饮料厂的此番言论更是惹怒了消费者，纷纷在其官方微博留言，说饮料厂对不起消费者的信任，应该滚出食品界，还号召人们都不要购买该企业的饮料。

这家饮料厂看自己的辩解非但没有为自己赢得支持，反而使事态更加严重，终于慌了神。

在这个案例中，饮料厂领导没有认清事态，以为自己拒绝承认事实，就可以蒙混过关，可是这个处理方法现在已经不适用了。

处理危机，比较重要的一点就是收集了各方言论以后，采取撤稿、换标题、发布新帖等方法防止危机事件持续蔓延，以挽回企业的形象和公众的信任。

第一，企业面对势如洪水的网络信息，还可采用召开新闻发布会的方式来澄清事态或承认事实，立志改变来挽回大众对企业的信任。

第二，企业在应对危机的时候，应该全面考虑，争取把所有的传播渠道都处理一下，比如一些大型网络论坛，公关人员可以发布利于保护企业形象的新帖子，然后通过与网络论坛的领导交涉封帖，禁止人们再次发帖，或者不允许带有不利言论的帖子出现，还可以发布一些不相关的帖子把那些不利于企业的帖子沉下去。最重要的是，企业应在官方渠道，比如官方微博或微信公众号等发布消息，使公众了解事态的发展，以及企业对所犯错的悔意，请求公众的原谅。

小提示

要想真正解决危机，企业还需要从保护消费者利益的立场出发，避免与消费者产生对立。

转移关注：将大众注意力转移到正面话题上

有的企业在面对企业的负面信息危机时，与信息发布者、传播者争执，但是这样一来，各方的焦点都会更加聚集在企业的负面信息上，让危机事件的传播范围越来越大。其实，转移公众和媒体的关注焦点是应对这种负面事件的一种方法，把外界的视线移开，给企业空间来处理问题。但是处理不当的话，带给企业的损失会更大。

一档节目报道了广东某家具厂的家具原材料与广告宣传中不一样，严重欺骗消费者。这一事件一经曝光引起了各大媒体的跟踪报道，曾以高价购买过这家家具的顾客也都纷纷抗议，要求厂家退货。这件事关系到许多顾客的切身利益，所以很多人都密切关注厂家的所有反应。

但是这家家具厂并没有承认节目报道的内容，坚持自己宣传的高档原材料与销售的家具材料是一致的，没有弄虚作假。

在媒体发布会上，企业没有安排记者提问环节，但是仍然没有控制住局面。一名购买过这家家具的女士说："我花了几十万元高价买的家具，现在都是假的，你们欺骗消费者。"面对消费者的质问，该厂的董事长没有针对家具的质量问题回答，反而讲起了自己创业如何艰难，最后还动情地流下了眼泪。

在这个案例中，该厂领导并没有针对媒体和消费者关心的问题回答，而是采取了转移法。转移法需要合理使用，比如把大众的注意力转到企业的一些正面事件上，而不是讲述创业史，博取人们的同情。

所以，处理危机事件的时候，转移注意力是一个方法，但是如何使用才能真正有效呢？

第一，想要将大众的注意力转移，需要联系媒体，与媒体配合，发布一些企业的正面新闻，比如企业曾经做慈善捐助等公益活动。

第二，在转移公众注意力的时候需要注意，发布的正面事件要能打动群众，赢得群众的关心和理解，而不是发布一些无关事件引起群众反感。

小提示

转移注意力需要选择恰当的正面话题，小心弄巧成拙。

投放正面报道：举办新闻发布会说明事实

针对负面新闻，有些企业不能及时出来澄清或承认错误，有的甚至拖了一个月才站出来，殊不知快速遏制负面新闻的传播，及时给出解决方案才是维护企业利益的最佳方法。比如可以在事情发生后，迅速举办新闻发布会向外界表明态度，公开此次事件的真实情况，以免被以讹传讹，到最后不可收拾。

季女士是一个十分细心的人，过日子精打细算。一次，她在经常购物的超市买食盐时，发现超市的食盐比平常贵了两块钱，于是直接打电话给食品价格监察部门举报。

监察部门查证后，就在网上发布通告，称某大型超市销售的精装盐价格与政府的定价不一致，高出两块钱。有关部门将对超市实施惩罚措施，望广大市民监督举报。

该大型超市得知情况后，超市经理立刻调查，经查证，原来是一名新员工在调整价格的时候忘记把盐的克数进行调整。调查清楚以后，他立刻组织人员召开媒体发布会。在发布会上，超市经理说明了此次事件发生的前因后果，并向广大消费者真诚道歉。媒体发布会以后，该超市又与多家媒体联系解释事情的真实情况，表示愿意接受相关部门的处罚，吸取这件事的教训，保证以后加强员工的培训和监督，以确保此类事件不会再发生。

在这个案例中，该超市对高价售盐这个事情的处理还是很诚恳的，而且及时召开新闻发布会，既维护了企业负责任的良好形象，又成功地处理了危机。

那么，为了能够在需要的时候有正面报道可以投放，企业应该注意哪些呢？

第一，企业的管理者很难把企业的各个方面都照顾到，但是企业经营过程中只要有一个小差错，经过媒体报道和网络渲染就有可能演变为企业的危机。所以，既然难以避免危机，那么就要为以后可能出现的危机做应急备案，在需要投放正面新闻的时候，有正面新闻可以传播。

第二，一家企业想要发展，就应该具有长远的眼光，平常可以通过媒体宣传或者网络舆论的引导让公众对企业有一个比较客观公正的正面印象，这对企业的长远发展是非常重要的。

小提示

消费者对于一个敢于承认错误、勇于承担责任的企业不会太苛求。

慎用公关稿：改进措辞调整内容

有的企业在处理客户投诉的时候十分敷衍，有时候就直接发一篇危机公关稿了事，也不管这篇公关稿是否适合所有的场合，所以公关处理的效果并不怎么理想。试想一下，如果消费者发现企业对待事情的态度不真诚，那么企业又如何能得到他们的谅解呢？

席先生去巴黎出差，途中行李不慎丢失，席先生先去找机场的工作人员帮忙，希望他们能够帮他检查一下目的地机场的行李，但是机场的工作人员告诉他这件事他们没有义务去帮忙，丢了行李是席先生自己的事情，更糟糕的是，工作人员也没有告诉席先生丢了行李应该怎么找。席先生想：“你不帮忙检查目的地机场，这行李丢了，总得有个办法吧。”席先生就一直在那等，大概过了半个小时，一位刚上班的机场工作人员询问他有什么需要帮忙的，席先生才把事情的前后经过告诉她，然后就是填各种表格，但是问题还是没有得到解决。

无奈，席先生先找了地方住下，第二天实在等不及就打电话给机场的工作人员，但是却无人应答。席先生十分恼火，直接在网上把事情的经过以及机场工作人员的态度给曝光了，还称自己本来不是坐这个航班，是航空企业工作人员建议他改乘此航班，现在行李丢了，却无人负责，席先生言语之中充满了对这家航空企业的失望。

事情经过发酵，新闻媒体都关注起来，而航空企业却只是发布了一篇道歉信，内容被网友扒出来和两个月前这个航空企业的另一封道歉信除了时间不同以外，其他内容竟然完全一样。

媒体和网友们迅速转发这条消息，并指责这家航空企业的危机公关只会发一些无关痛痒的话，对于这种不重视消费者的企业，大家都号召不要去坐这家公司的飞机，以免自己行李被弄丢了还找不回。

显而易见，使用发布通稿道歉，在这个网络发达的时代，已经难以糊弄群众。那么，应该怎样发布消息才能让消费者感受到企业的真诚呢？

第一，慎用通稿。一般来说通稿没有针对性，对当下发生的事件难以解释清楚，而且通稿会让客户觉得这家企业不用心，故意把客户拒于千里之外，这样就更难得到客户的谅解。所以，危机处理人员最好根据具体事件确认公关稿的内容，使这篇稿子真正能够发挥企业向公众致歉的效果。

第二，不要一稿多发。在信息时代，群众的眼睛更加雪亮，一旦他们发现企业一稿多发，便会觉得没有得到应有的尊敬，群众的心里会更不舒服。

小提示

真诚永远是消费者比较关注的重点，所以企业的危机处理者若想真正地解决问题，就不要使用通稿去敷衍群众。

客户关系修复：利益补偿、广告投放等

有些企业在处理危机的过程中，可能耗时较长，在这段处理危机的时间内，企业的一部分利益相关者就可能“坐不住”，比如与这家企业合作的客户。从客户的角度来看，这种担忧情有可原，如果不及时终止与这家陷入负面新闻的企业合作，那么自己的企业就有可能也被连累而陷入危机。因而，企业度过危机后可能面临客户的解约，如果想要继续生存发展下去，就必须把客户找回来并开发更多的新客户。

一家生产化妆品的企业，不仅拥有自己的品牌，还拥有比较固定的合作客户。因为广告效应，这个化妆品在国内的销售业绩还是不错的，有不少代理商愿意代理销售这家化妆品企业的产品。

但是2016年8月，有人在网上爆出使用这家企业的产品之后脸上出现了很多红点。这一爆料引起了不少人关注。这家化妆品企业接到这个消息以后，没有检查本企业那一批产品是否出现了问题，而是直接在官网上发表声明，称：“每个人的肤质不一样，我们已经提醒，在使用前最好在手上试验一下，以免出现过敏现象。我们企业的产品历来都在用户中享有很好的口碑，所以在网上发表对我们企业不当言论的人请注意：如果是真的，就请拿出证据；如果没有证据就不要随意诋毁，否则我们将会采取法律手段处理。”

不同的肤质对化妆品的敏感程度不同，在网上爆料的那位客户可能是过敏了，大家刚开始也都这样认为。但是，随后这个客户在网上晒出了有关部门开出的化验单，证明化妆品中确实含有对人体有害的物质。

先不论这张化验单的权威性，代理销售这家化妆品的代理商，也就是这家企业的客户都不敢再进货，甚至不敢再卖化妆品，或者说化妆品也卖不出去了，因为消费者不会拿自己的身体开玩笑。

后来事实证明，那一批化妆品确实存在问题，因为在检测的时候，检查员没有检测到某一种化学物质和另一种化学物质混合后会产生对人的皮肤有害的物质。这家化妆品企业采取紧急措施，追回已销售的化妆品，并对客户进行补偿。

到此事情本可以告一段落，但是企业却不得不重新规划业务，争取修复与客户的合作关系和流失的客户。

那么，企业在丢失了客户以后，应当如何修复与客户的关系呢？

第一，可以采取利益补偿的办法。因为企业的宗旨是为了最大限度地减少各方面的损失，所以在这个基础上，企业可以对一些观望的客户给予利益补偿，就算他们卖不出去产品，也不会亏本，总之，就是让客户放心与企业合作，企业承担销售风险。

第二，可以采用广告投放的办法，通过广告宣传企业对产品所做出的新改进和升级，让广大消费者能够看到企业产品的变化，改变消费者对企业的负面看法，增强消费者购买的信心。

小提示

为了后期的发展，企业在修复客户关系时做出一些牺牲是必要且值得的。

伙伴关系修复：合作通报、论坛、培训等

除了客户关系需要修复外，另一个需要企业比较重视的就是伙伴关系的修复。有的企业觉得一些合作伙伴在危机事件中不但不伸出援助之手，反而在企业生死存亡的时刻抽身而出，这些原来的合作伙伴根本不值得再与之合作了。

可是，合作伙伴有时候为了自己的发展而明哲保身也是可以理解的，再者就是寻求新的合作伙伴对恢复企业生产不利，贻误时机，况且也不能保证与新的合作伙伴共事一切顺利，所以企业还是应该想办法修复伙伴关系。

2016年10月，浙江一家连锁火锅店被爆出该家火锅店提供的饮料酸梅汤是由自来水冲兑而成的，而且一些食材还存在不卫生的情况。

据称，爆料人胡先生在这家店吃火锅，找卫生间时不慎走进后厨的操作间，发现一名女服务员正在一边接自来水，一边把一些粉末状的东西倒入搅拌桶里，而且那个桶的外表沾了很多油，给人一种很不卫生的感觉。胡先生突然想起来自己刚刚喝的那一大杯酸梅汁，瞬间感觉要吐了。回到家以后，胡先生就向有关部门举报，经查证，这家火锅店确实用自来水勾兑饮料。

这件事情被媒体报道以后，火锅店的客人明显减少，生意越来越不好。与火锅店有着长期合作关系的旅行社也拒绝带客人来火锅店就餐。旅行社表示："现在网络这么发达，你们火锅店的声誉受到了影响。如果我们旅行社把游客带过来吃饭，游客发现你们就是那家用自来水勾兑饮料的火锅店，我们旅行社的声誉肯定也受影响。"

过了一段时间，这个事件差不多平息了，火锅店联系旅行社，希望继续合作，希望旅行社能够带旅游团的游客来店里吃饭。

那么，企业应该如何让合作伙伴消除疑虑，继续和自己合作下去呢？

第一，通过一些商业论坛发布企业的一些合作消息，表明如果与企业合作可获得何种收益，以此吸引合作伙伴主动前来商谈合作事宜。

第二，可以通过合作通报和培训来增进与合作伙伴关系的亲密度，从而达到修复伙伴关系的目的，为企业的后续发展提供条件。

媒体关系修复：举办媒体联谊、邀请记者专访等

媒体的影响力很少有人会忽视，媒体的宣传可以起到事半功倍的效果，同时，媒体又起着监督作用，对负面事件的报道也可能让企业遭遇重大危机。企业就像在一个透明的盒子里，特别是大型企业，其一举一动都会有人关注。在这种环境下或者是在企业遭遇危机以后，企业不得不考虑为了保持良好的形象而多与媒体沟通。

一家餐厅被客户爆料，该餐厅不顾消费者的权益二次使用烹饪油，一时间这家餐厅被推到了网络舆论的风口浪尖上。有媒体未查明真相，也在网上转发了这条信息。虽然没有表明该事件是否真实，却加速了此件事情的传播。

餐厅总经理应对得很快，立即让采购部的工作人员拿来采买清单，并向公众公布了餐厅所有原材料的购买地点，还让厨师长把一些主要的食材用量也通过微博展示出来，食用油的采买地点及使用量也都特别标注了出来，并在官方微博上称希望广大消费者监督查证，真金不怕火炼，酒店所有原材料均从正规途径获得，餐厅并没有二次用油。

危机解除以后，餐厅领导层一致认为，不能像以前那样认为身正

不怕影子斜了，现在网络和媒体的舆论力量很大，尽管有时候只是转发一下，对企业造成的影响都不可预估，所以决定要和媒体建立良好关系，为将来做准备。

要想建立或修复与媒体的关系，可以把媒体记者们请过来举办一些媒体联谊活动，或者邀请媒体对企业做一些正面采访。那么，如何邀请到媒体记者呢？

1. 自己邀请媒体

如果企业的公关团队实力强大，有渠道邀请到各大媒体，当然可以自己邀请。

2. 寻求媒体公关帮助

媒体公关就是专门处理这类事情的公司，它们一般都拥有比较全面的渠道，只要企业跟媒体公关商量好，企业想邀请的媒体有哪几家、在发布会上想表达的内容、可以支付的经费，甚至企业想达到什么样的效果，这些都可以实现。

小提示

与媒体保持良好的关系，已是企业发展壮大不可或缺的环节。

第 12 章

网络时代：客户服务的更高要求

网络时代，互联网技术及手机移动终端为人们的生活提供了各种各样的便利条件。人们越来越依赖手机终端，无论是购物消费还是售后服务，消费者、客户都形成了“一站式”购物习惯。因此，互联网时代对客服的要求也发生了质的飞跃，不同于传统电话客服，当代互联网客服要具备更高的沟通能力与计算机技能。对互联网客服而言，互联网时代是充满挑战的时代，也是充满无限可能的时代。

应答速度：确保网络不堵车

现在，几乎人人手机不离手。手机成了人们办事联络的桥梁。从前，人们喜欢亲自去银行柜台存钱，如今，自从银行推出了掌上 APP 之后，银行柜台门可罗雀。人们更喜欢用手机解决和处理各种银行业务，尤其喜欢应用银行 APP 端口进行咨询。但是，由于某些银行 APP 业务不规范，出现了客户在手机 APP 中等待时间较长的现象，这给客户带来了不良的体验感。

赢东公司是一家私营小型外贸服务公司，公司经常需要对外汇款。公司新来了两名员工，小王和小李。两人刚刚大学毕业，就来到成立不久的赢东公司，他们虽然年轻，但是有一股干劲，有一种初生牛犊不怕虎的工作精神。他们渴望与公司一起成长与进步。

有一天，公司总经理马总给他们布置工作，完成十家国外公司的对外汇款业务。

刚刚参加工作的小王和小李，别说对外汇款业务，就连兑换外币业务都没有接触过。临近中午十一点了，两个小伙子很着急，因为马总给他们的最后期限是今天下午4点钟前完成对外汇款工作。

小王和小李犹如热锅上的蚂蚁，非常着急，但是又不知从何下手。最后在老同事的指导下，他们首先从马总那里要来公司网上银行的账户权限。接下来，两人打算用“网上汇款”的快捷方式给十家国外公司汇款。

难题来了，小王和小李两个人没有接触过财务，而且因为公司规模太小，马总没有聘请单独的财务人员，只是将这项任务布置给了他们。

小王和小李第一时间就想起了，用“恒天银行APP端口客服中心”进行咨询。他们好像是抓到了救命稻草一般，兴奋地打开了“恒天银行APP端口客服中心”的客服界面。

“恒天银行APP端口客服中心”的客服界面首先弹出的是“机器人”对话框：“您好！请问有什么可以帮助的吗？”

“我想咨询一下如何办理境外汇款。”小王着急地对“机器人”打了一行字。

“好的，请问您是给哪个国家汇款呢？”机器人回复了一句。

“我们想向美国、英国、法国这几个国家的公司汇款。”小王又打出了一行字。

“好的，您的问题我已经了解了，请您耐心等待，这边给您对接人工服务。”手机界面中的“恒天银行APP客户端”弹出了这样的回复。

手机界面也显示“正在跳转人工服务”。

大概过了10秒钟，“恒天银行APP客户端”对话框中显示“您好！您前面还有80人在排队，请您耐心等待”。

小王和小李的兴奋一下子被浇灭了。

“别急，可能很快呢。”小李安慰小王。

“嗯嗯，一起等等。”小王点头说。

但是，十分钟过去了，显示前面等待的人数还有70人，界面显示的是“请您耐心等待”。

十分钟，二十分钟，快到12点了，前面等待的人数没有明显减少。

小王和小李放弃了等待，打算去公司周围的餐馆吃点东西垫垫肚子，两个人的肚子已经饿得“咕咕”叫了。

小王和小李吃完午饭，看了一眼“恒天银行APP客户端”，还有20人在排队。

小王和小李等不及了，决定下午亲自去一趟恒天银行，问一问如何办理外汇。

下午2点，小王和小李赶往银行，现场咨询银行工作人员，随后，用手机银行，仅用时十分钟就完成了十家国外公司的汇款业务。

小王和小李这才缓了口气，感叹道：“要是指望‘恒天银行APP端口客服中心’，恐怕不能按时完成马总布置的工作任务。”

通过小王和小李的故事，我们看到“恒天银行APP端口客服中心”互联网客服需要提高以下三个方面。

第一，机器人询问了过多的非核心业务问题，导致客户在手机端等待的时间增加，给客户带来了较差的服务体验感。机器人花费大量时间与客户核对咨询问题，可能导致客户抱怨，甚至引发客户投诉。因此，手机端客服应当核减咨询冗余，减少机器人咨询问题的数量与频次。

第二，"恒天银行APP端口客服中心"人工客服少。客户等待时间较长的根本原因在于人工客服较少，很难应对一时间涌进来的客户。因此，互联网客服一定要有与业务数量相对应的人员配置，这样才能避免因客服"应接不暇""无人应答"等导致客户不良体验情况的出现。

第三，"恒天银行APP端口客服中心"应当跟踪记录每一位客户的等待时长，缩短等待时间，优化客户体验感，最大限度地满足客户的期望。

小提示

提升客户服务体验感需要互联网客服中心提高运营效率，需要其从服务流程、服务环节、人员配置、服务速度等提升服务品质。互联网客服要千方百计地提高应答速度：确保网络不堵车。

网络安全：拒绝泄漏客户隐私

人们出行越来越离不开打车软件，甚至有些时候，如果没有安装打车软件，将陷入"无车可乘"的尴尬境地。人们在体验这些软件便捷性的同时，也遇到了一些不愉快的体验。例如，某网络客服不注重保护客户隐私，导致客户隐私被泄露的不良后果。

在画行工作的张先生周日打算去美术馆看一场画展，一方面想从他人画展中获取一定的创作灵感和启发，另一方面想周末放松休闲一番。

张先生看看美术馆的位置，自己乘坐地铁要换乘四次，公交车也要换乘两次。本来是要出去放松的，这一路换乘过去，到了美术馆估计没有什么体力和心情看画展了。于是，张先生打开了手机，看看有没有方便使用的“打车软件”。

张先生在手机应用里找到了某款大众好评率最高的打车软件。张先生开始安装这款软件，安装过程中，软件要求张先生允许该软件访问张先生手机中的相册，还要对张先生进行人脸识别。人脸识别之后，软件还要求张先生允许软件收集张先生手机里的“剪切板”信息和“应用列表”信息。

张先生一顿操作之后，还没有完成，软件还要求张先生填写年龄、职业等信息，建议张先生标注“家”和“公司”的地址。

张先生费时半个小时终于安装好了软件，打到了去美术馆的车。

张先生下午看了半天的画展，收获颇丰，兴高采烈地重新用该软件打车回家。

张先生到家休息了一个小时，没想到后面接到的电话让张先生着实迷瞪。

“您好！张先生，这里是某打车客服，您所叫的代驾已经按照指定时间到达您家楼下。”客服说完就挂断了电话。

张先生感到非常困惑，自己没有叫“代驾”，为何接到了该公司客服打来的“代驾”电话。

随后，代驾司机也给张先生打来电话，张先生表示自己没有叫“代驾”。

张先生仔细想了想，自己安装打车软件时，有一个操作导致自己信息的泄露。张先生在手机里授权了某出行小程序，并且在手机小程序里发现了这笔代驾的订单。

张先生联系了该打车软件的微信客服，得到的回复是：“不清楚为何发生此事，对给张先生造成的损失表示道歉，确保以后不会发生类似事情。”但是，张先生对这样的回答是不满意的。

一波未平，一波又起，就在张先生还没处理好“代驾”事件时，又一个电话打进来了。

“请问，是张先生吗？我们是某艺术品公司，现在有一批山水画作品出售，不知道您感兴趣吗？”电话那边自称是某艺术品公司的销售人员。

“我不需要什么山水画作品。”张先生急匆匆地挂断电话。

张先生回想，自己今天只用了打车软件打车到美术馆看画展，随后，就接到了销售人员的销售电话，这只能是这款互联网软件的客服端泄露了自己的隐私信息。

互联网软件客服一定要注意保护客户的隐私，这样才能赢得客户的信赖，企业才能基业长青。

第一，互联网软件客服端一定要关闭可能泄露客户隐私的权限。

第二，互联网软件客服端收集、使用个人信息，应当遵循合法、正当、必要的原则，公开收集、使用规则，明示收集、使用信息的目的、方式和范围，并要征得被收集者的同意。

第三，互联网软件客服端不得收集与其提供的服务无关的个人信息，不得违反法律、行政法规的规定和双方的约定收集、使用个人信息，并应当依照法律、行政法规的规定和与用户的约定，处理其保存的个人信息。

小提示

保护客户隐私，不泄露客户隐私，是信息时代互联网客服的生命线。

服务纽带：确保“取经”和“送宝”工作有序推进

网购成为当今绝大多数年轻人的消费习惯。网上购物时，最恼人的情况就是商品质量出现问题，要退换货。消费者如果和商家沟通不畅，与商家产生订单纠纷，只能通过代理客服来解决问题。因此，互联网客服就成为买家和卖家之间的“服务纽带”，客服的任务之一在于确保“取经”和“送宝”工作有序推进。

小英最近网购了一批面膜，用了一张之后，脸上起了很多小疹子。小英与商家沟通未果，无奈之下，只能通过代理客服解决纠纷。

小英打开网页右上角的“联系客服”。小英使用的是“在线云客服”，在线客服立刻在对话框里打出了一句话：“您好！请问您有什么问题想咨询?”

“是这样的，我在某网店购买了一盒面膜，第一次使用之后，脸上起了小疹子。我跟商家沟通，想把这盒面膜退掉。但是商家以面膜已开封，无法二次销售为由，拒绝为我退换面膜。”小英气愤地输入信息。

“亲，‘小二’已经知晓您的情况了，请别着急，‘小二’这边联系商家。”客服在对话框中客气地回复小英。

“好的，谢谢您！”小英在对话框里打出了客气的语句。

大半天过去了，小英收到了客服的回复：“您好！已经与店家沟通了，店家不同意退款。”

“可是这款面膜我用不了啊，不退货，我继续用会起更多的小红疹子。您可以与店家再协商一下吗?”小英在对话框里发送了自己的观点。

“亲，请您别着急，我们客服尽量为您解决问题，请您申请‘客服介入’，在申诉过程中请提供有效依据，您如果证据充分，我们会根据您提供的凭证做出判定，请您不要担心。”客服在对话框中安抚情绪焦虑的小英。

“好的。”小英对客服打完这两个字后，就按照客服的方法，发起了“客服介入”，并且上传了“申诉证据”。

两个工作日后，客服根据小英上传的“申诉证据”，判定卖家无理由退款——买家将面膜寄回，卖家收到面膜后，将购买款全额原路退回买家。

小英给卖家寄回面膜三天后，收到了面膜的退款。小英给客服点了一个大大的赞。

互联网客服每天面对很多发生在客户与商家之间的纠纷事件，如何满足消费者的诉求，是互联网客服的一大考验。互联网客服做好以下五点，能在处理消费者投诉过程中起到事半功倍的效果。

第一，客户投诉时，情绪可能焦虑，言辞可能过激，所以互联网客服面对客服诉求时，首先要做好客户情绪的安抚工作。只有客户情绪平静，后面的沟通才更有效果。

第二，互联网客服要善于使用问候语，多使用谦辞和敬辞，如“您好”“欢迎光临”“很抱歉”等。

第三，互联网客服面对售后纠纷等事宜，要冷静对待，不能冷处理，要积极地与上游商户做好沟通，尽快满足消费者的诉求。

第四，互联网客服与客户沟通时，一定要积极跟进处理过程，并向客户及时反馈。客户得知处理进程后，才可能缓和焦虑情绪，避免事态扩大化。

第五，互联网客服要擅于运用互联网工具，例如：客服聊天助手，将平时经常使用的一些话语加入常用语中，这样客户发来消息，可以第一时间快捷回复。

小提示

互联网客服要运用好沟通技巧，服务好客户和商家，发挥好桥梁和纽带作用。确保“取经”和“送宝”工作有序推进。

诉求信息：多样化客户工单不再限于文字信息

以往客服留给人的第一印象就是专门接打电话，但是随着互联网信息技术的发展，互联网客服接收客户诉求的渠道就不仅限于电话客服热线，还有微博客服端、微信客服端、手机 APP 客服端；表达诉求的形式也不仅限于语言文字，还有图片信息、视频信息等。因此，互联网时代下的客服要掌握多样化的处理诉求的方式与技巧，高效应对多样化的客户工单。

在某互联网企业上班的小伟是一名程序员，标准的“码农”。每天加班到很晚是小伟的家常便饭。

四月的天气像小孩的脸说变就变，上午还是阳光明媚，下午就倾盆大雨。这样大的雨下了一个下午，小伟担心会影响晚上回家。小伟看了看窗外打在玻璃上的大雨点，叹了一口气，他一直祈祷晚上下班时雨千万别下大了，不然家门口那个小路就会形成“堰塞湖”，要想回家恨不得租个皮划艇了。

由于天气不好，领导让小伟早点回家，不要加班太晚。小伟看了看手机，已经晚上八点了，比起经常晚上十点、十二点下班，今天是早下班了。小伟匆匆地收拾好工位，离开公司。

小伟打着伞，往公司附近的公交站走去。雨很大，风也很大，小伟明显感觉到风吹着雨点斜打在自己身上，手上的雨伞没有抵挡住一点儿风雨。就在小伟每天下班必经的小路上，小伟看到了马路上的一个井盖被“哗啦哗啦”的雨水冲走了，情况十分危险。

小伟看到这种紧急情况，立即拿起手机拍照，登录“12345”微信服务号，打算反映井盖被冲跑的事情。

就在这时，另一个惊险画面出现了，小伟不远处的一棵大树被狂风连根拔起，横倒在马路上，严重阻碍了交通。

小伟立刻点开手机摄像功能，将眼前的一幕录了下来。

小伟点开“12345”微信服务号，在手机客服端，小伟填写了自己的姓名、性别、诉求内容、事件所在区县、街道、点位等信息。他还在公众号客服端上传了自己拍摄的照片和视频，希望其能被尽快地处理。虽然小伟此时看不见手机屏幕那端的客服，但是他相信客服一定会第一时间处理该事的。

因为倒下的大树影响了交通，此时，马路上的车已经堵了好几千米，小伟回家需乘坐的公交车也迟迟未到，小伟就像热锅上的蚂蚁，急得团团转。

小伟时不时地看看“12345”客服端，没想到，客服端处理很及时，已经完成了“接诉”。

过去了一小会儿，小伟接到了“12345”客服中心的电话，客服问了他现在的情况，让他不要着急，说已经通知市局相关部门，很快就会处理。小伟虽然站在风雨里，身体冻得发抖，但是心里暖暖的。

大概一刻钟后，两辆工程车从小伟面前开过，一会儿的工夫，井盖和大树的问题被解决了，交通也畅通了，小伟苦苦等待的公交车也赶来了。

小伟终于在晚上十点前安全到家了。小伟本以为手机微信端的“12345”客服会比热线处理得慢一些，没想到手机微信端的“12345”客服处理速度挺快的，体现了“接诉即办”的服务理念。小伟心里为手机微信端的“12345”客服点赞。

现在的生活离不开手机，手机每时每刻都在陪伴人们，来自手机互联网客服端的咨询比例越来越高。互联网客服面对的各种诉求信息也不仅限于文字信息，多样化的客服工单已经越来越普遍。这就要求互联网客服做好以下三个方面的工作，才能不断地提高大家对互联网客服的服务满意度。

第一，由于互联网客服端投诉集中性反映的问题比较突出，并且时间段多集中在下午 6 点以后，因此，要求互联网客服在下午 6 点以后也能够及时地点对点地满足咨询客户的诉求，最好"7×24 小时"排班，以便满足与网民同步的诉求交流。

第二，互联网客服不同于电话服务热线的及时性，电话服务热线的工作时间通常都在工作日的早 9 点到下午 5 点，电话接通后能够第一时间点对点交流，但电话客服通常很难打通，容易增加咨询者的焦虑情绪，因此，互联网客服不像电话客服有通话时间的消耗，更能秉承"接诉即办"的原则，第一时间做好诉求处理并及时跟进诉求的解决情况。

第三，客户诉求的多样化工单，客观上要求客服端扩大服务器容量，对客服人员进行专业界面的操作培训，多运用软件的省时技巧，才能更加高效地为咨询者做好服务工作。

服务窗口：看不见的全球窗口

计算机技术和互联网技术的飞速发展，使得互联网客服服务窗口实现了全球化。对许多跨国公司而言，公司业务遍布全球，产品销售到了世界各个角落。因此，公司的产品与服务就要实现全球化。一方面，公司的客户来自全球各个国家，互联网客服中心要面对用不同语言表达出来的客户诉求。另一方面，公司从节约成本、规避本国复杂的劳动工会纠缠关系出发，选择将互联网客服中心设置在本国以外的人力资本更低的国家。

美国M公司是一家专门经营烧烤厨具的公司，已有100多年的发展历史，其产品受到了全球烧烤发烧友的喜爱，旗下的SQ厨具已经成为享誉全球的知名厨具品牌。

就职于传媒行业的大明是一名地地道道的户外烧烤爱好者。大明每个月都会组织朋友到郊区进行户外烧烤活动。一方面，可增进与朋友之间的感情；另一方面，释放自己的工作压力。

作为资深的户外烧烤发烧友，大明对户外烧烤装备可谓是精益求精。他对比互联网“烧烤炉”多家产品的介绍与价格，最终选择了性价比高的“SQ户外烧烤炉”。大明认为这家美国厨具公司已有100多年的历史，并且产品销量高，好评率也比较高，选择这款户外烧烤炉肯定没有错。

大明在电商“海外直采”平台网上采购了这款户外烧烤炉，炉子漂洋过海到了中国，经过海关、清关等手续终于到了大明的手上。大明更是兴高采烈地向朋友吹嘘自己购买的这款“洋烤炉”，准备周末带上这些烧烤装备，约上三五好友去郊区来一场户外BBQ。

周末，大明驾车带着好友来到郊区的一个户外烧烤营地，一片绿地让心情瞬间放松了。大明和朋友们开始准备BBQ，他把新买的烧烤炉从后备厢里拿出来，朋友们准备烧烤串。

大明把烤炉火点燃，朋友们把穿好的烧烤串放在烤烧炉上时，烧烤炉的腿架子突然断了，原来是烧烤炉的烧烤槽和烧烤腿之间的接点没有焊牢，出现了挪位。兴致勃勃的大明和朋友们被这个烧烤炉扫了兴。

户外烧烤活动匆匆结束，大明回到家，拿出手机，在网购平台上联系了平台客服。

出乎意料的是，购物平台的客服让大明联系厂家的官网客服处理售后服务问题。

大明又找到了美国M公司的官方网站。在官方网站上，小明找到了对应的互联网客服入口。此时，大明内心愤怒的小火苗已经开始往上蹿了。

大明打开网络对话框，对美国M公司的客服打字："您好！我在贵公司购买的SQ户外厨具在第一次使用时出现了问题，烧烤架脱落，请问贵公司如何解决这个问题？"大明认为这是M公司产品质量问题，因此没有跟M公司客气。

美国M公司网络客服打来一段英文"Sorry for the inconvenience, in which country do you buy and use our products?"互联网客服问大明在哪个国家购买的产品，电脑显示网络客服的地点在菲律宾。幸亏大明的英语还没落下，他读懂了这段英文。

大明电脑的对话框弹出了"China, Japan, the United States, Korea"，大明毫不犹豫地选择了"China"这个选项。

随后，网络客服对话框里出现了中文语句："先生/女士您好，对您造成的不便深表歉意，但是请您放心，您的问题我们将会竭诚为您解决，请您耐心与我们配合，请问您购买的是我公司哪款产品？"。

"我购买的是SQ系列的X烧烤架。"大明快速地在对话框中回复。

"好的，请问您的产品出现了什么问题？您有什么诉求？我们尽快帮您处理。"菲律宾客服在屏幕那边打字。

"烧烤架出现了断裂，影响到正常烧烤。既然这款烧烤架质量有问题，请贵公司提供收货地址，我将这款烧烤架邮寄回公司，完成退货，公司请将购买款退还给我。"大明气愤地打字。

"好的，M公司对全球客户承诺退货的全球服务，并且授权菲律宾全球网络客服中心对售后服务进行跟进，请将您所购买的商品邮寄到美国亚特兰大E大道566号，详细地址会在稍后的对话框中出现。”此时，菲律宾网络客服正在查询美国公司的退货地址。

一分钟后，大明的对话框中出现了美国M公司的退货地址。大明将烧烤架按照地址退回了美国。不久后，账户中收到了一笔1000元的烧烤炉退款。因为有M公司设立在菲律宾的互联网客服全程处理和跟进，大明挽回了经济损失。

一些跨国企业为了节省人力成本，倾向于将互联网客服中心设立在本国以外的其他国家。这就要求跨国互联网客服人员要具备一定的产品知识和专业技术，才能够从容应对来自全球国家的客户诉求。

第一，全球互联网客服一定要有丰富的项目服务经验，同时具备极强的耐心及服务意识等专业素养。

第二，全球互联网客服要尽量建立适应时差的全天候、全渠道的服务理念，进而带给客户稳定高效的客户服务体验。

第三，全球互联网客服要定期开展产品知识、技术知识与行业服务的培训。

第四，全球高效的互联网客户关系管理体系是对全球互联网客服服务的保障。

第五，全球互联网客服要积极提供多语种优质客服服务，以提高客户的满意度。

一站式服务：微信平台客服系列推送服务

随着互联网时代的到来，旅游出行时，旅游公司的“微信平台”可以提供“一站式服务”。旅客不用亲自去车站买票，不用自己联系酒店与反复查询天气状况。这些服务，互联网微信平台服务端都可以做到。这就对互联网微信端客服提出了越来越高的服务要求，不仅要提供“一站式管家服务”，还要根据客户需求量身定制“高端服务”。

小王在北京经营一家公司，平时工作繁忙，甚至有时候都顾不上吃饭。虽然劳累了一年，好在年底公司回款颇丰，不仅扭亏为盈，而且实现了利润的指数式增长。小王决定年底给自己放个长假，出去旅游，好好歇一歇，放松一下，以期来年继续奋斗，再创佳绩。

小王这一年开公司，各种事情都亲力亲为，早已厌烦了这种凡事都要自己操办的风格，在旅游这件事情上，打算找一个可靠的旅游网站，享受“管家式服务”，让自己不再费心，彻底放松一回。

小王拿起手机，选择了口碑不错的某旅游网，关注了该旅游网微信公众号并注册了会员。

该旅游网的微信客服端是一站式微信服务平台，在微信客服端，小王可以像与亲朋好友对话一样，选择机票预定、酒店预定、座位预留、网上值机、行李查询、度假产品预定、天气服务、航班起落、会员服务等全方位服务，省时省力。

小王此次度假的目的地是苏州，他想去看看南方园林的精致与清幽，把自己从“钢筋水泥的森林”中解放出来。

小王打开该旅游网的微信公众号客服端，输入几个字“北京—苏州，低价机票”。虽然小王公司年入上百万元，但是小王是比较节俭的。

该旅游网的微信端客服马上回复“好的，请稍等，这边为您查询‘北京—苏州’的低价机票”。

过了一会儿，微信客服端显示出几家航空公司的特价机票供小王选择。小王选择了价格虽低，但是服务质量比较靠谱的一家航空公司，直接通过微信客服端下单预定好机票。

微信客服端咨询小王："王先生，请问您此次行程有没有特别想去的地方，我可以根据您的需求，对公司提供的产品服务进行采集、筛选，从而提供具有个性化、深度游的产品和精品服务。"

小王此次最想去的是苏州园林，想看看拙政园，领略江南水乡的美好。

小王把自己的诉求反馈给了微信客服端。微信客服端针对小王的需求，制订了详细的旅游攻略。

首先，微信客服端为小王精心挑选了一间苏州酒店尾房，不仅价格低，而且酒店房间硬件设施和酒店服务很好，在当地是四星级酒店，能够以这样的价格预定又给小王节省了一笔钱。小王对微信客服端的服务非常满意。

其次，微信客服端根据小王的行程提供了一份美食清单和旅游攻略，甚至给小王购买了旅游景点的门票。

微信客服端推荐给小王的美食有：苏州生煎包、桂花鸡头米、松鼠鳜鱼、阳澄湖大闸蟹。这些美食在小王预定的酒店里都有，小王可以根据旅游景点周边的美食自行选择。

微信客服端为小王推荐的苏州旅游路线非常经典：拙政园—苏州博物馆—平江路—金鸡湖，并且根据小王的时间安排提前购买了旅游景点的门票。

小王把旅游规划完全交给微信客服端，自己享受到了保姆式服务。

小王出行前一天购买了一些旅游用品，并且收到了来自手机微信客服端明天北京和苏州的天气预报，他认为这种服务很贴心。

到了出发这一天，小王拉着行李箱，准备打车去机场，此时，手机微信客服端又向小王推送了办理登机牌的操作步骤。小王在赶往机场的出租车上就办理好了电子登机牌，非常快捷。

小王到了机场，手机微信客服端又向他推送了登机口的具体信息，这让小王十分舒心。

飞机中午起飞，该旅游网的微信客服端还根据其口味为他定制了一份独特可口的午餐，小王对这份午餐赞赏有加。

小王下了飞机，收到了微信客服发来的接机信息。整个旅程小王没有感觉到一点儿劳累，微信客服为他做好了一切准备工作。

小王在苏州渡过了愉快的假期，他决定下次出游继续选择该旅游网。

公司借助微信服务平台向客户提供暖心服务，实现“一站式推送服务”，让客户体验互联网客服无刻不在的关怀，客户也更加愿意选择公司的产品和服务，于双方而言是“双赢”。公司获得了收益，客户获得了很好的体验感。

第一，互联网客服端“一站式服务推送”一定要突出“管家”的特点，让客户真切地享受到贴心、无微不至的服务。

第二，互联网客服端“一站式推送服务”可根据客户的具体需求提供量身定制的服务，而不是单调的、千篇一律的服务。

第三，互联网客服端“一站式推送服务”要突出对客户的人文关怀，提供双重保障（身心愉悦与出行安全保障）。

第四，互联网客服端“一站式推送服务”要做到回应的“时效性”，与顾客可以随时随地地畅快沟通，节省客户时间，让客户满意。

客户体验：提高客户满意度

设置互联网客服的初衷都是好的，为客户提供更多、更快、更便捷的服务，让客户少跑腿、少跑路，一些公司在互联网客服中还应用了机器人回复技术，可以及时回答客户提出的疑问。但是，有一些公司推出的互联网客服服务却设置了过高的技术壁垒，让客户望而却步，甚至抓狂。

小哲是一名“北漂”，在北京工作五年了，每年最高兴的事情就是过年买到一张回家的火车票。今年，小哲也不例外，早早地就加入了“抢票”大军。

在春运车票发售的第一天，小哲就打开了电脑，登录抢票网站，准备大干一场，干脆利落地买到回家的火车票。

万万没想到的是，网站的验证码成为小哲回家旅途的第一大“拦路虎”，这让小哲很头疼。

为了防止抢票软件抢票，购票网站的客服端推出了购票时需要客户输入“验证码”的服务。网站推出的验证码五花八门，小哲每次输入时都像是在开盲盒，不知道下一个盒子会出现什么奇葩的验证码。

第一次弹出的验证码题目是“请选择图片中的美男子”，小哲后背都冒凉气，图片中有五位男子，但哪个是“美男子”，很考验小哲的审美。小哲选择了自认为很美的男子提交，但是网站客服端弹出了带有“很抱歉，您输入的验证码错误”等字样的小框。小哲脑袋都要炸了，但是，他并没有放弃，刷新，继续做“选择题”。

第二次，图片验证码的题目是“请选出图中的陕西武林门派”，小哲看见界面上有六张图，每张图片都与武林门派相关，到底哪个才是陕西武林门派，小哲也不知道，只能瞎选一个提交，客服端又弹出了“抱歉，您所选择的验证码错误”的字样。小哲感觉很委屈，又无处说理，只能咬牙继续刷新，他希望下次凭运气能够碰到好验证一些的验证码。

第三次，网站购票客服端升级了，之前是验证一个问题，这回让小哲验证两个问题，分别是“请选择图片中的‘公交卡’与‘睡袋’”。客服端向小哲推送的图片包含三张卡片，其中一张卡片很像“信用卡”。小哲选择了自己认为正确的“公交卡”与“睡袋”，但是又答错了。小哲越挫越勇，不相信自己过不了验证码这一关。

第四次，小哲刷新了购票网站客服端后，验证码也重新刷新了，这次是让小哲选择图片中的“七星瓢虫”和“喷雾器”。小哲看到推出的图片中包含几个小虫子，有一个像是“七星瓢虫”，其他的都不像，于是选择了这个“七星瓢虫”和另外两个“喷雾器”。这回，小哲终于通过了客服网站的验证码关卡。

但是，小哲没有成功购到火车票，因为他刷到的“北京—邯郸”的火车票已经被抢完了。小哲哭丧个脸，心里默念：“验证码，惊呆，不玩了，改坐大巴，回家过年。”

心情不好的小哲和朋友“吐槽”该购票网站的验证码，没想到朋友也有同样的遭遇。朋友说：“据说该网站购票的奇怪图片有581种，第一次购票的验证码成功率为27%，第二次验证的成功率为65%，三次以上的成功率才高。”

小哲和朋友感叹，网站的体验太差了，明明很简单的购票被弄成了一场“艰苦的战斗”，既考验脑力也考验体力。

互联网客户端推出的验证码难倒英雄汉，给客户带来极差的体验感，应该差评。一个令客户满意的客户端应当做到以下三点。

第一，互联网客户端要尽量为客户提供可供选择的相对容易识别的图片，避免让人误解，无法识别判断验证图片。

第二，互联网客户端要尽可能地打破网站的技术壁垒，积极为客户创造使用网站的便捷条件。

第三，互联网客户端要科技创新，提升拦截黑客软件的技术，提高客户满意度，注重客户体验感。

个性需求：突出优先级别与专属特权

目前，很多银行都推出了手机银行APP终端，也特别注重银行APP终端的客服服务和银行VIP客户的服务。银行APP终端VIP客服会给银行的VIP客户提供个性需求服务，重点突出VIP客户的优先级别与专属特权。银行APP终端VIP客服提供的实实在在的个性化服务，覆盖了VIP客服非金融服务的衣、食、住、行等方面，得到了VIP客户的广泛认可。

小樱来自南方，独自一人在北京打拼，她从摆地摊开始，经过十年的积累，终于在北京开了一家服装贸易公司。小樱的服装生意越做越大，每年公司的营业利润有几百万元，自己个人账户中的钱也越来越多。

小樱决定选择一家银行，将自己的劳动所得个人部分存为定期存款，以备未来不时之需。

小樱是通过手机银行购买"定期存款"的。她通过手机银行APP终端购买了瑞华银行的300万元一年期存款。完成购买操作后，银行APP终端的VIP客服给小樱发送了一条消息："恭喜您！您已成为瑞华银行的'钻石卡'客户，我行会根据您的需求，提供个性化VIP服务，包括：减免费用、网点绿色通道、贵宾专属理财、积分关怀、医疗体验等。您如果有相关需求，请毫不犹豫地通过手机APP客服端与我们联系，谢谢！"

小樱没想到自己的一笔存款还使自己成为银行的VIP客户，小樱从来没有体验过银行VIP服务，也不知道银行能否兑现。

小樱在北京做生意的这几年，结交了很多朋友，朋友有困难的时候，小樱很乐意帮忙。前几天，小樱的一个朋友因为做生意，资金短缺，向小樱借10万元。小樱二话没说，拿起手机就要给朋友转账。

小樱在手机银行APP里操作转账，APP客服端弹出了：“您好！您是我行贵宾客户，因此，我行免收您的转账手续费和短信通知费。敬请知晓。”小樱这个时候偷着乐，以往转账一笔10万元的钱款，少说也收几十元，成为VIP，免收手续费，真是省了一笔小钱。

小樱做服装生意，经常北京和广州往返，机场每次排队都要一个多小时。这天，她要飞往广州，机场等待时，忽然想起银行VIP客户有“机场贵宾通道”服务，于是拿起手机，联系了手机银行APP客服端的客服，将自己的诉求告知客服，客服第一时间给小樱开通了“机场贵宾通道”服务，小樱不仅省去了排队的苦恼，还节省了时间。生意人，时间就是金钱，这在一定程度上还是要感谢手机银行APP客服端的服务效率。

小樱平时业务繁忙，忘记生日和节日对她而言一点儿也不奇怪。就在小樱出差广州的几天里，小樱收到了手机银行APP客服端给她发送的“生日祝福”。小樱连自己的生日都忘记了，没想到银行APP客服是第一个给自己发送生日关怀的人。

小樱从广州回北京，过了几天，正好是端午节。手机银行APP客服端不仅给小樱发来了暖心话语，还询问小樱的地址，给小樱邮寄了端午节的粽子。粽子开袋即食，美味可口，小樱一连吃了三个。小樱一个人在外打拼，从来没有过过端午节，现在，手机银行APP客服端给自己送节日礼物，让自己感受到了节日的氛围，有了在家过节的仪式感。

小樱深深地感觉到了手机银行APP客服端推出的VIP服务给自己

带来的好处。她不用亲自去银行办理各种业务，在手机银行APP客服端告诉客服自己的诉求，银行那边就给处理好了。

周末，小樱在家休息，手机银行APP客服端还给她推送了“瑞华银行VIP客户读书沙龙活动”。小樱觉得参加读书会不仅能够收获知识，而且在银行VIP客户沙龙活动上还可能认识几个未来的合作伙伴，于是，小樱决定参加读书沙龙活动。在这次活动中，小樱认识了几位业界大佬，他们给小樱未来事业的发展提供了助力。小樱衷心感谢瑞华银行APP客服端提供的这种突出优先级别与专属特权的服务。

互联网手机端客服是现在很多公司推出的一项便捷服务。这项服务很接地气，客户足不出户就能享受到优质服务。手机端客服如果能做好以下三点，将会为公司的发展添砖加瓦。

第一，互联网手机端客服要根据不同客户的具体需求积极推出定制化服务，并基于手机优势，使客户真正享受到“优先级别”与“专属特权”的服务，要及时回复客户的咨询，帮助客服排忧解难。

第二，互联网手机端客服可以逐步引导客户从享受“线上服务”到享受“线下服务”，增加与客户的交流与沟通，以便更好地满足客户需求，为公司争取更多的合作机会与顾客推荐。

第三，互联网手机端客服在重要节日和客户生日当天要给予客户问候，重要节日可赠送节日礼物，以提高客服的满意度。

服务资源：跟踪分析客户足迹

互联网客服不同于线下客服，线下客服需要现场提供“微笑服务”，提升客户的服务体验感，客户才会购买商品。互联网客服要在线上通过文字语言提供“微笑服务”，分析客户的消费习惯和消费足迹，进一步为客户提供服务资源和个性化推送服务。

小张是今年毕业的大学生，在工作求职中屡屡碰壁，小张决定自主创业，自己开一家淘宝店铺，专门经营中青年女性服装。

小张的淘宝服装店主要销售中高端职场女性服装。小张既是这家网上服装店的老板，也是客服，一人身兼两职。

每当小张的淘宝店有顾客咨询时，小张都热情地在淘宝 APP 对话框里打招呼，为顾客答疑解惑，做到第一时间回复顾客，引导顾客购买服装，促成交易，除了回答顾客的疑问外，小张还会贴心地询问顾客“还有什么能帮助您的吗?”

小张服装店营业了两个月，虽然有五十个顾客购买了服装，但是销量远未达到小张的预期，这令小张很失望。

小张一直在思考是不是自己的服务做得不到位。但实际情况是，顾客给小张的服务评价都是“非常满意”。

小张苦思冥想，决定转变服务理念，不仅要注重“台上”的语言沟通技巧，也要做足“台下”功夫。小张决定跟踪分析客户足迹，分析客户需求，推出个性化推送服务。

小张首先对每一位来店消费的顾客做好登记。对顾客的身高、体重、购买信息进行登记，这样做的目的在于了解顾客的穿衣风格、消费档次，以便给同类型客户推荐服装。

小张除了在后台对顾客的消费信息进行登记外，还在网页版卖家中心查看买家的购买数量和金额、交易笔数和金额的情况，这样更加有助于小张与顾客的沟通，对不同买家设置不一样的优惠力度。对于多次购买服装的顾客，小张争取多给顾客一些优惠或者赠品，这样有助于买家的继续消费。

对于常来淘宝店的顾客，小张都会在 APP 上做出标记。如果他们第二次消费，将给予更大力度的优惠，让他们感受到“上帝般的服务”。时间久了，这些常来的顾客也带来了一些新顾客，生意越做越好。

小张感觉淘宝客服一定是一个“多面手”，跟踪分析顾客的消费足迹，总结客户的消费习惯，这样才能“知己知彼”，促成交易。

小张淘宝服装店的某款服装非常火，很快就卖断货了。对于前来咨询这款衣服的顾客，小张也在后台进行登记，对客户的ID、通知账号、码数等一一记录，货到的第一时间就给买家推送到货通知。很多顾客也是在收到到货通知后到小张的店里购买的。如果小张不跟踪记录这些信息，恐怕会错失很多赚钱的机会。

对于经常在店里购买服装的老客户，小张还定期向他们推送促销打折信息，并且建立专门的促销打折粉丝群。在群里，小张总是热心地回答顾客的咨询，并且推送符合顾客需求的服装信息。有时候，仅仅一个打折促销群，就能够达成上万元的订单，小张乐此不疲。

换季时，小张还积极回访客户，分析客户下个季度对于服装的个性化需求，研究和保存客户反馈的信息，为下一季度的进货、促销与销售等做好铺垫与策划。

虽然淘宝服装店铺刚刚经营了一年，作为一名优秀的客服，小张积累了客户多方面的消费需求信息，推出了“双十一”促销活动，在这次活动中，仅11月11日这一天，小张店铺的交易额就突破了十万元。小张感受到真正的“累并快乐着”，也更有冲劲做好事业了。

互联网客服不仅要在前台多动脑筋，与顾客积极沟通，注重沟通技巧，同时，也要在后台下足功夫，主要做好以下三点。

第一，互联网客服在为顾客提供服务时，一定要秉承提高顾客满意度的服务理念。

第二，互联网客服要在后台多思考、多分析客户的消费心理需求，通过分析客户消费习惯与足迹的方法进行归纳总结。

第三，互联网客服在分析消费者消费习惯与喜好之后，要采用切实可靠的推广技巧与营销方法。

技术环节：摒弃粗暴无理的技术壁垒

网上购物已经成为很多年轻人的主流购物方式。网上购物确实非常便捷，但是有时候售后客服却很不给力。各种 APP 在客服端设置技术壁垒，导致很多消费者因为烦琐的登录验证失去耐心，最终放弃自己的退货权益，导致品牌的口碑越来越差。

小雷大专毕业后，在工厂找了一份机器操作工的工作，但是车间工作值夜班非常多，小雷受不了熬夜工作，就果断辞职了。一个月后，小雷找了一份送外卖的工作。

送外卖需要经常跑腿，小雷的鞋磨损很快，一个月换一双鞋是常事。为了节省生活费，小雷从某个 APP 上购买了一双特价运动鞋。但是，没穿够一个星期，这双运动鞋就开胶了。

小雷决定在 APP 上寻求售后服务，把这双运动鞋给退了，或者让商家赔偿自己的损失。小雷在手机上打开购买运动鞋的 APP，联系 APP 端客服。小雷没有想到，这个购物软件购物的时候挺顺畅的，但是一到找客服的时候，就遇到了麻烦。

这款 APP 的售后客服端的操作界面很不友好，其他购物 APP 直接点退货就可以，操作简单，但是，在这款软件上找客服很复杂，简直要经历“九九八十一难”。

小雷对接 APP 客服端时，进入客服端的对话框需要输入验证信息，这个验证信息是“请选出与这个‘鞫’相同读音的一个字”。这个字小雷不认识，更别提选择了。小雷面对这样的客服登录生僻字验证抓耳挠腮。

无奈，小雷只能退出 APP，然后重新登录。第二次，APP 客服端同样要验证生僻字“请选出与‘蚋’一样读音的所有字”，小雷还是不认识这个字。小雷对着手机屏幕骂出了脏话。

由于小雷脚上的鞋没法继续穿了，现在也不好找修鞋匠。小雷只能继续登录 APP 软件的客服端进行操作。

就这样，小雷在手机上反复操作，时间已经过去半个小时了，小雷还是没能登录上 APP 的客服端。小雷逐渐失去了耐心。

此时，小雷的接单 APP 响起来了，有一个订单离小雷很近，出价也高，小雷匆匆接单送外卖去了，无暇再顾及这个累心的 APP。

最后，小雷心里想的是，下次再也不贪图便宜在这个 APP 上买东西了。

互联网客服做好不容易，要注意以下三点。

第一，互联网客服要经常测试用户的使用界面，体验用户的使用感受。当发现客户登录验证不顺畅时，要及时向技术部门反馈。避免登录界面交互设计的烦琐。登录界面要简单易操作，互联网客服要始终把客户利益放在第一位。

第二，一旦客户登录客服端出现技术壁垒，用户不满意，互联网客服后面的服务做得再好也没用。

第三，互联网客服的入口要易找，便于客户反馈问题。